礼文・利尻

花と自然の二島物語

杣田美野里　宮本誠一郎

北海道新聞社

違うから面白い

　北海道の北の端、日本海に浮かぶ礼文島と利尻島。この二つの島は、わずか10キロ離れて手をつなぐカップルのよう。穏やかで低い丘の連なる礼文島と、独立峰を海に浮かべたような利尻島。どうしてこの二つの島はこんなに違うのでしょう。

　二島ともたくさんの高山植物が咲きますが、同じ花でも咲く時期や咲き方が違い、どちらかでしか見られない花も多いのです。たとえば有名なレブンアツモリソウは礼文島だけ、リシリヒナゲシは利尻島だけに咲きます。森よりササ原が多い礼文島に対して、利尻島は広大な原生林の腹巻きをしています。平均気温も、利尻島沓形のほうが礼文島香深より0.6度とほんの少しですが暖かい。

　私たち夫婦が礼文島に住んで27年、今は利尻島を目の前に望む浜辺に建つ家に住み、この二つの島を行ったり来たりして取材を重ねてきました。島がどちらか一つだけであったなら、私たちをこれほど惹きつけることはなかったでしょう。

　違うから面白い二つの島。それは太古からの島誕生の歴史にヒントがあります。鳥は翼を持って二島を行き来できますが、翅を持たない昆虫や植物たちは、それぞれの島で何万年も命をつないできました。

　島とは小さな星のようなもの。天地創造の神様は、際立つ個性を並べて、自然の不思議を私たちに伝えようとしているのかもしれません。

もくじ

序章‥‥‥‥‥‥‥‥‥‥‥‥‥‥‥4
二島マップ‥‥4　　礼文の花・利尻の花‥‥6
二つ島の誕生‥‥8　　万年の不思議‥‥10
4・5月‥‥‥‥‥‥‥‥‥‥‥‥‥12
スミレ検索表‥‥21　　水辺の鳥たち‥‥23
6月‥‥‥‥‥‥‥‥‥‥‥‥‥‥24
溶岩の裾野をゆく‥‥28
礼文の丘は花盛り‥‥30
棲み分けるササと高山植物‥‥34
セリ科図譜‥‥36　　利尻の森の花‥‥38
草原と森の鳥たち‥‥41
7月‥‥‥‥‥‥‥‥‥‥‥‥‥‥42
山頂の花‥‥45　　希少種‥‥48
道の整備‥‥54
8・9月‥‥‥‥‥‥‥‥‥‥‥‥‥56
昆虫も氷期から‥‥59
草原の秋の花‥‥60　　島のゴメたち‥‥69
海の動物たち‥‥70　　昆布採りの季節‥‥72
外来植物との戦いは続く‥‥74
森を歩く‥‥76
10月‥‥‥‥‥‥‥‥‥‥‥‥‥‥78
利尻の森の針葉樹‥‥80
利尻の森の広葉樹‥‥82　　枯れ野を歩く‥‥84
11〜3月‥‥‥‥‥‥‥‥‥‥‥‥86
真冬の造形を楽しむ‥‥88

人の歴史‥‥‥‥‥‥‥‥‥‥‥‥90
索引‥‥‥‥‥‥‥‥‥‥‥‥‥‥94

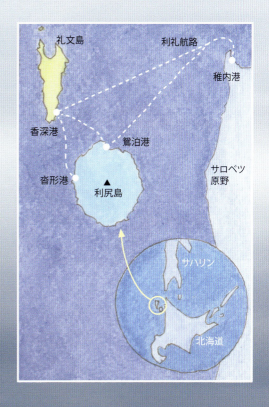

二島花物語
ミズバショウ‥‥14
レブンアツモリソウ‥‥16
エゾノハクサンイチゲ‥‥26
リシリヒナゲシ‥‥46
レブンウスユキソウ‥‥51
ツリガネニンジン‥‥67

礼文島から利尻島を望む　14.5.18 M

序章・二島 MAP

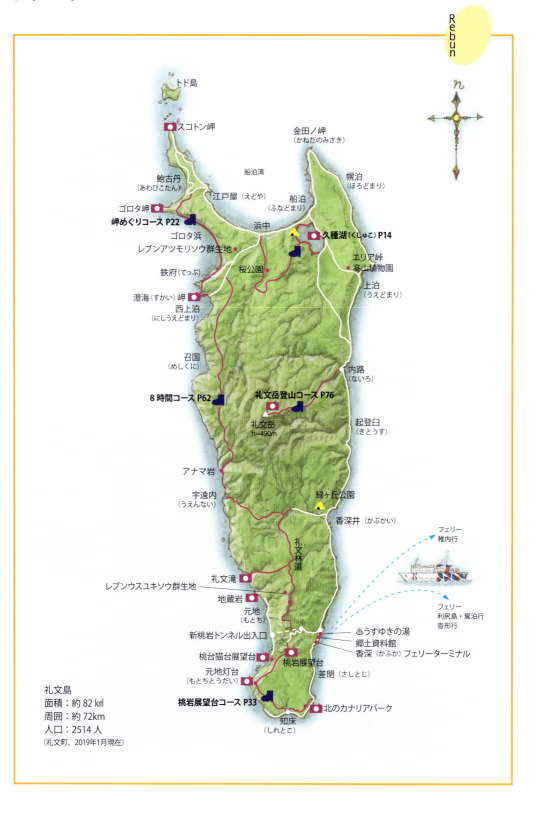

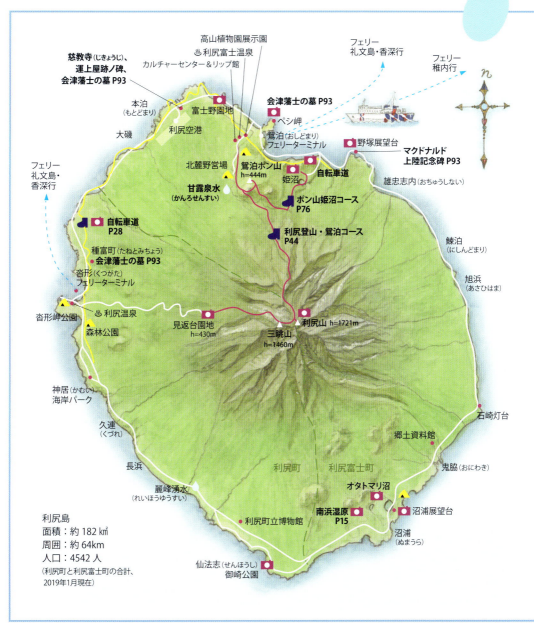

序章 Rishiri Rebun 礼文にあって利尻にない花 利尻にあって礼文にない花

○礼文島

レブンアツモリソウ

レブンソウ
レブンハナシノブ

カラフトゲンゲ
レブンウスユキソウ

礼文にあって利尻にない花

ウマノスズクサ科	オクエゾサイシン
オオバコ科	ウルップソウ
キク科	アサギリソウ　エゾノコギリソウ
	オオウサギギク　シコタンヨモギ
	フタナミソウ　レブンウスユキソウ
キンポウゲ科	エゾイチゲ　エゾトリカブト
	オクモミジカラマツ　ミヤマキンポウゲ
	レブンキンバイソウ
サクラソウ科	トチナイソウ
シソ科	シロネ
スミレ科	オオバタチツボスミレ　シロスミレ
ナデシコ科	カラフトマンテマ
ハエドクソウ科	ミゾホオズキ
ハナシノブ科	カラフトハナシノブ
ハマウツボ科	エゾコゴメグサ
バラ科	ウラジロキンバイ　コキンバイ
	チシマワレモコウ
ヒノキ科	ハイネズ
ビャクダン科	カマヤリソウ
マメ科	カラフトゲンゲ　レブンソウ
ムラサキ科	エゾルリムラサキ　スナビキソウ
ユキノシタ科	チシマネコノメソウ
ユリ科	エゾヒメアマナ　ホソバノアマナ
ラン科	アオチドリ　シテンクモキリ
	ホテイアツモリソウ　レブンアツモリソウ
リンドウ科	エゾオヤマリンドウ　ハナイカリ

（イネ科、カヤツリグサ科、シダ類は除く）

香深（礼文）と沓形（利尻）の月別平均気温　2013～17年の平均値。気象庁アメダスによる

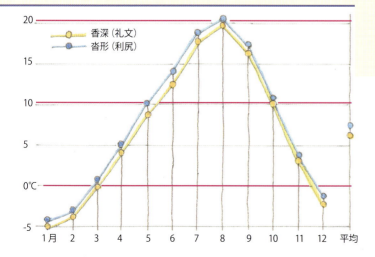

気象データを見ると、5～8月は、礼文島香深のほうが利尻島沓形より1度以上気温が低いことが分かります。体感温度はもっと差がある感じがしますが、それには風も関係しています。2017年の風速を見ると、夏は香深の方が沓形より平均1メートル以上強い。逆に冬は、沓形の方

礼文島にあって利尻島にない花のうち主な39種、利尻島にあって礼文島にない花同じく57種をここにあげました。高山帯や高層湿原、森林など多様な環境を持つ利尻島のほうが植物の種類はやや豊富。両方の島に咲く花のほうが数としては多いのですが、どちらかにしか咲かない花にはなぜか存在感があります。花を案内役に、「違うから面白い」二つの島の物語をお届けします。

本書では二島のうち礼文島だけに咲く花を◯、利尻島だけに咲く花を◯、両島で咲く花を◯で表します。

◯利尻島　　　　　　　　　　　　　　　　　　　　　　　　　　　　　　Rishiri

リシリゲンゲ
リシリオウギ
ミヤマアズマギク
リシリヒナゲシ
リシリリンドウ

利尻にあって礼文にない花

アカバナ科	ヒメアカバナ　ミヤマアカバナ
アブラナ科	ヤマガラシ　リシリハタザオ
アヤメ科	カキツバタ　ノハナショウブ
イワウメ科	イワウメ
オオバコ科	エゾヒメクワガタ　テングクワガタ
オトギリソウ科	ミズオトギリ
カエデ科	ミネカエデ
カヤツリグサ科	ワタスゲ
キキョウ科	イワギキョウ　サワギキョウ
キク科	エゾノヨモギギク　サマニヨモギ シュムシュノコギリソウ　シロサマニヨモギ フォーリーアザミ　フタマタタンポポ ミヤマアズマギク　ミヤマオグルマ　リシリアザミ
キンポウゲ科	ツクモグサ　ボタンキンバイソウ　ミツバオウレン
ケシ科	リシリヒナゲシ
サクラソウ科	エゾコザクラ
シソ科	オドリコソウ
シュロソウ科	ショウジョウバカマ
タデ科	ジンヨウスイバ
ツツジ科	イワヒゲ　エゾイチヤクソウ　エゾノツガザクラ シャクジョウソウ　ツルコケモモ
ナデシコ科	エゾオオヤマハコベ　シコタンハコベ タカネナデシコ　チシマツメクサ
ハマウツボ科	ベニシオガマ
バラ科	エゾノマルバシモツケ　コガネイチゴ ホロムイイチゴ　リシリトウウチソウ
フウロソウ科	エゾフウロ
マメ科	リシリオウギ　リシリゲンゲ
ミズキ科	エゾゴゼンタチバナ
モウセンゴケ科	モウセンゴケ
ヤナギ科	エゾノタカネヤナギ
ユキノシタ科	アラシグサ　チシマイワブキ
ラン科	エゾサカネラン　キソチドリ　ヒメムヨウラン
リンドウ科	リシリリンドウ

が北西の季節風の影響を受けて風が強くなります。データはありませんが、利尻山頂の風の強さは礼文島北端のスコトン岬を大きく上回ると想像されます。同じ島の中でも、風の強さや向きのほか気温や積雪にも違いがあり、それらが多様な生物を育んでいます。

二島の月別平均風速　気象庁アメダス（2017年）ほかによる

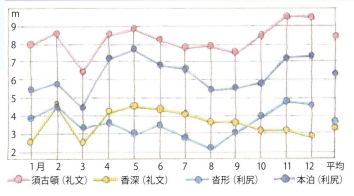

須古頓（礼文）　香深（礼文）　沓形（利尻）　本泊（利尻）

序章

二つ島の誕生
Rishiri / Rebun

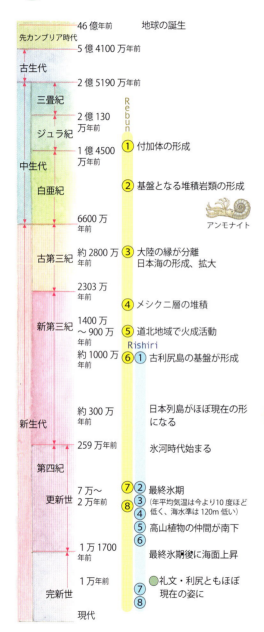

※1 付加体　プレートが沈み込む過程で、プレートの一部と海洋底の堆積物がプレートの端に押し付けられてできたもの
※2 海成段丘　間氷期の高水面期に波による侵食・堆積で形成された平らな土地が隆起したもの。礼文島北部の赤岩から幌泊の海岸線に見られる
※3 周氷河緩斜面　凍結・融解を長い年月繰り返す中で生まれるなだらかな斜面
資料提供・監修／谷内元（北海道大学 岩石学火山学研究グループ）
参考文献／「道北の自然を歩く」北海道大学図書刊行会、「揺れ動く大地 プレートと北海道」北海道新聞社

○礼文島の誕生

① 1億5000万年前〜
ユーラシアプレートの下に古太平洋プレートが沈み込み付加体（※1）が形成される

・前期白亜紀
礼文島の基盤となっている白亜紀の堆積岩類が形成

② 1億2000万年前〜
大陸の縁で火成活動が起こる（礼文・樺戸・北上火山帯）

③ 2800万年前〜1500万年前
大陸の縁（日本列島）が分離して日本海を形成、拡大

④ 2000万年前〜
浅い海で火成活動、メシクニ層の堆積

⑤ 1300万年前
桃岩の元となるマグマが海底の堆積物の中に噴出（溶岩ドームを形成）

⑥ 1000万年前
海底でスコトン岬・ゴロタ岬・稲穂岬の火成活動が起こる

⑦ 13万年前
幌泊面海成段丘（※2）が形成

⑧ 2万年前
氷期に周氷河緩斜面（※3）が形成

　咲く花にも違いがある対照的な地形の二つの島は、その誕生と形成の歴史にも大きな違いがありました。礼文島には白亜紀に形成された地層があり、白亜紀の生物であるアンモナイトの化石も見つかっています。日本海ができる前からの古い地層が渾然とし、火山活動なども加わって、礼文島の地質は複雑に入り組んでいます。

○利尻島の誕生

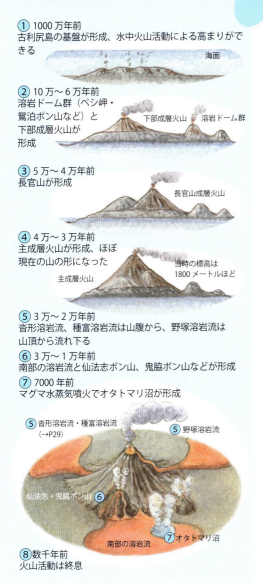

① 1000万年前
古利尻島の基盤が形成、水中火山活動による高まりができる

② 10万～6万年前
溶岩ドーム群（ペシ岬・鴛泊ポン山など）と下部成層火山が形成

③ 5万～4万年前
長官山が形成

④ 4万～3万年前
主成層火山が形成、ほぼ現在の山の形になった
当時の標高は1800メートルほど

⑤ 3万～2万年前
沓形溶岩流、種富溶岩流は山腹から、野塚溶岩流は山頂から流れ下る

⑥ 3万～1万年前
南部の溶岩流と仙法志ポン山、鬼脇ポン山などが形成

⑦ 7000年前
マグマ水蒸気噴火でオタトマリ沼が形成

⑧ 数千年前
火山活動は終息

　一方の利尻島は約10万年前、古利尻島と呼ばれる高まりから活発な火成活動が始まり、その後溶岩ドームやさまざまな溶岩流の噴出とともに成層火山が成長、現在の利尻島の姿になりました。そのころ礼文島は大きな生成の動きを終えていて、噴火する利尻島の横に静かにたたずんでいたらしい様子が年表からうかがえます。

それぞれのキンバイソウ

○レブンキンバイソウ
（礼文金梅草 キンポウゲ科）
礼文島固有種。氷期にサハリンから南下したチシマノキンバイソウが、島となった礼文島で独自の進化を遂げたと考えられる（※）。花弁状のがく片の中にある短冊状の細長い花弁は雄しべより長い　18.6.20 桃岩コース M

○ボタンキンバイソウ
（牡丹金梅草 キンポウゲ科）
利尻山の上部に生育する固有亜種。赤い雌しべが特徴。レブンキンバイソウより、サハリン南部に分布するサハリンキンバイソウやアルタイ山脈のアルタイキンバイソウに近い形質を持つ（※）　10.6.30 利尻山8合目 S　　※（門田、2016）

序章

万年の不思議

　今から259万年前から始まる新生代第四紀は寒冷な気候の氷期を繰り返す氷河時代。最後の氷期は7万年前から1万7千年前まで続いており、年平均気温が現在より10度も低かったそうです。

　海から蒸発した水分が雪や氷として大量に陸上に堆積した氷期には、海水が減少し海水面が下がります。最終氷期最盛期の2万年前には、海面は現在より100メートル以上も低かったそうです。

　今より海面が100メートル下がるとどこまで陸地になるかを等高線で示したのが図の赤い部分です。礼文水道、利尻水道、宗谷海峡は深いところでも水深70メートル程度なので、氷期には二つの島は北海道やサハリンと地続きでした。そして海面が上がる間氷期にはまた島となるということを何度も繰り返してきました。

　北極圏周辺などを故郷とする寒地植物が氷期の陸橋を渡って南下し、その後島となった二島でそれぞれの進化を遂げます。さらに本州まで南下して高山などの寒冷地で生き延びたものを高山植物と呼んでいます。礼文・利尻の二島は寒冷なため、低い標高でも高山植物が生育できるのです。

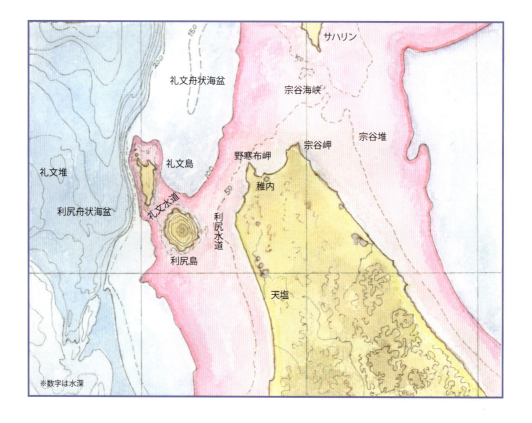

※数字は水深

○レブンコザクラ（礼文小桜 サクラソウ科）ユキワリコザクラの変種。礼文・利尻以外でも夕張山地、知床半島、北見山地に分布する

Rebun
礼文島のレブンコザクラ
日向を好み歩道沿いにたくさん開花する　18.5.28 礼文桃岩コース M

Rishiri

利尻島の沢の岩場にひっそり咲くレブンコザクラ
13.6.13 撮影／佐藤雅彦

それぞれのレブンコザクラ

　礼文島の草原でよく見られるレブンコザクラは、春に最初に咲くピンクの花として人気があります。礼文島だけでなく北海道北部の山地にも局所的に自生していますが、利尻島にはないとされてきました。ところが、十数年前に利尻島の岩場で発見されます。礼文島南部に多い球状にたくさんの花をつけるタイプとは異なり、背丈が低く花数も少なめです。でも礼文島北部にも、利尻型に似たちょっと貧弱なレブンコザクラが生育しています。

　礼文島4カ所、利尻島2カ所のレブンコザクラの葉を採取してDNAを調べる研究が行われました。葉緑体DNAの解析により、礼

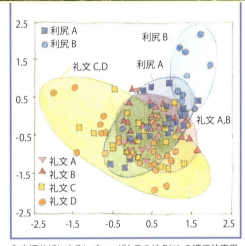

主座標分析によるレブンコザクラの核DNAの遺伝的変異
近接個体は遺伝的に近いことを示している。利尻B地点の集団と礼文C、D地点の集団は遺伝的に分化している。しかしなぜか利尻A地点の集団は、隣の島の礼文の集団とも近い関係にある。

文島と利尻島の個体では母系の系譜が異なることが明らかになりました。核DNAの遺伝的変異を座標で表すと、利尻型と礼文型に分かれるグループがある一方、遺伝的に重なり合う集団があることも分かりました。小さな葉の中に書き込まれたDNA情報はどんな命の系譜を語ろうとしているのでしょうか。　※（吉田、2012）

4・5月

　春一番の使者は光。2月中旬にもなると晴れの日が多くなり、陽光が力を増していることに気づきます。昼間が一日一日長くなり、3月、雪原の割れ目からフキノトウが顔を出します。やがて、南に渡っていたウミネコが帰還します。威勢のいいミャーという鳴き声が、「春が来たぞー」と宣言しているようです。

　ホッケ漁、キタムラサキウニ漁が始まり、島の人々は小さな畑を起こしたり山菜採りに出かけたりと忙しくなります。花の目覚めは湿原から丘へ。まず紫色のエゾエンゴサク、黄色のナニワズ、キバナノアマナなどが咲き始めます。湖沼には北上する渡り鳥もたくさん立ち寄り、島が命で膨らむ季節を迎えます。「もっとゆっくり」と声をかけたくなるほど、春は容赦なく足早に進んでいきます。

ヤツガシラ
珍しい渡り鳥だが礼文・利尻には毎年立ち寄る
12.4.16 S

浜風に泳ぐ鯉のぼり

●ミズバショウ
（水芭蕉 サトイモ科）
炎のような形の白い苞は傷つきやすく、霜に当たるとすぐに茶色になる。水辺を好み群生するが、雪解け水に水没することも
16.4.16 礼文・久種湖湿原 M

二島花物語

Rishiri Rebun ミズバショウ

○久種湖

　北海道の湿原にはいたるところにミズバショウが開花します。白い炎の形の部分は、花弁ではなく葉の変化した「苞」です。とても傷つきやすく、遅霜や名残り雪に当たるとすぐに茶色くなってしまいます。雪の下で眠っていた花芽は、雪が解けるとすぐに開花するので、積雪が多い年のほうが花期は遅くなりますが、一斉に開花して美しい群落が見られます。

　白い苞の中にある黄色のトウモロコシのような部分は小さな花の集まり。びっしり付いた小花は下から上へと咲き進みます。また、一つの株はくるくる巻かれた葉の間に数個の花芽を抱いていて、外側から順に開花します。

　礼文島・久種湖湿原のミズバショウ群落が見ごろを迎えるのは、積雪状態により前後しますが4月中・下旬。利尻島の南浜湿原の見ごろが5月上・中旬と少し遅いのは、利尻山の南側で積雪が多く、久種湖より雪解けが遅いためです。

礼文森林の丘〜大沢川林道への道は通行止めです。（2023年3月現在）

○ミツガシワ（三柏 ミツガシワ科）
メヌウショロ沼を埋めるように咲く。短花柱花と長花柱花がある　18.5.29 利尻・南浜湿原 M

○ザゼンソウ（座禅草 サトイモ科）
18.4.26 礼文・久種湖 M

○エゾノリュウキンカ
（蝦夷立金花 キンポウゲ科）
18.4.26 礼文・久種湖 M

○キバナノアマナ
（黄花甘菜 ユリ科）
18.4.22 礼文・久種湖 M

ミズバショウ群落　12.4.29 礼文・久種湖 M

ヨシが繁茂する比較的肥沃な湿原である久種湖のミズバショウは、花が15～20センチ、花後に伸びる葉は1メートルを超えます。それに対し、利尻島の南浜湿原はミズゴケに覆われた高層湿原で貧栄養のため、花は10センチ前後、葉も50センチぐらいにしか育ちません。本来ミズバショウは久種湖のような環境に多く、南浜のような高層湿原に生育することはまれです。

花芽は一度に開花せず外側から順に咲く

小さな花は最初に雌しべ、後から雄しべが出る

○ミツバオウレン
（三葉黄連 キンポウゲ科）13.6.5
利尻・南浜湿原 M

○南浜湿原

T トイレ
B バス停
P 駐車場

ワタスゲ　ツルコケモモ　アカエゾマツ トドマツ
ヤマドリゼンマイ　イソツツジ
ミツバオウレン
ミズゴケの中の小さなミズバショウ群落
★木道1周約20分
カキツバタ　メヌウショロ沼　オオイタドリ オオハンゴンソウ
湖面を埋めるミツガシワ
ザゼンソウ
道道108号
←仙法志　南浜漁港　オタトマリ沼→

ミズゴケの中に咲く小さなミズバショウ　18.5.12 利尻・南浜湿原 M

三島花物語

レブンアツモリソウ

　早春の花レブンアツモリソウは、ミズバショウと同じようにその年の積雪量の影響を受けます。雪が少ない年は5月中旬に咲き始めることもありますが、早く咲きすぎると遅霜や寒風に当たり、花弁が傷ついてしまいます。例年は5月下旬〜6月上旬が見ごろです。

　クリーム色が本来の色ですが、中には白花もあります。花色が赤いアツモリソウ（広義）は北海道と本州以北に自生しますが、どこも盗掘で数を減らし、野生の個体はほとんど見られません。白花は本州や極東アジアにまれに出現するそうですが、礼文島のようにクリーム色の花が群生する場所は見つかっていません。

　礼文島では、1980年代に繰り返された盗掘で、絶滅が心配されるほど数を減らしてしまいました。現在は種の保存法の特定国内希少種に指定され、保護増殖の調査研究が行われており、野生ランとしてのこの花の生活史が明らかになってきています。

○レブンアツモリソウ
（礼文敦盛草 ラン科）
環境省絶滅危惧種 IB 類（EN）。
ピンクはサクラソウモドキ
18.6.6 レブンアツモリソウ群生地 M

○レブンアツモリソウ　種から開花までの長い旅

　レブンアツモリソウは「簡単に増えないが長生きをする」という生活史を持っています。条件の良い年でも2〜3割程度しか実を結びませんが、一つの種の袋の中には粉のような種子が1万粒以上も入っています。その種子は土中の共生菌の力を借りないと発芽成長できません。発芽しても開花に至るには10年以上かかります。開花後も条件の良いところに生育する株は数十年も生きるのではないかと考えられています。現在礼文島に自生するレブンアツモリソウの開花茎は約3000と推定されています。しかし花を付けない若い株が少ないことが指摘されていて、将来の減少が心配です。

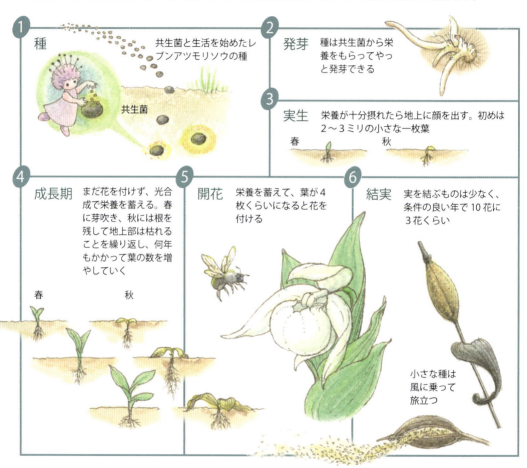

1. 種　共生菌と生活を始めたレブンアツモリソウの種
2. 発芽　種は共生菌から栄養をもらってやっと発芽できる
3. 実生　栄養が十分摂れたら地上に顔を出す。初めは2〜3ミリの小さな一枚葉
4. 成長期　まだ花を付けず、光合成で栄養を蓄える。春に芽吹き、秋には根を残して地上部は枯れることを繰り返し、何年もかかって葉の数を増やしていく
5. 開花　栄養を蓄えて、葉が4枚くらいになると花を付ける
6. 結実　実を結ぶものは少なく、条件の良い年で10花に3花くらい

小さな種は風に乗って旅立つ

　おもに花粉を運ぶのはニセハイイロマルハナバチの女王蜂であることがわかっています。しかし、レブンアツモリソウは蜜を出さず、花粉も餌には向かないため、蜂が訪れてくれるためには、周りに蜜や花粉を蜂に与えてくれる他の花があることが重要です。

花粉を背に付けて這い出るニセハイイロマルハナバチ

○ネムロシオガマ（根室塩竈　ハマウツボ科）レブンアツモリソウの周辺に開花し、蜜を訪花昆虫に与えてくれる花の一つ
16.6.9 礼文滝 M

○ホテイアツモリソウ（布袋敦盛草　ラン科）レブンアツモリソウに近縁。少ないが、礼文島に自生している
16.6.5 船泊 M

●適した環境で命をつなぐ

レブンアツモリソウの植生遷移の中での出現・消失モデル。
（河原、2014）を参考にイラスト化

1 植物が繁茂する山
2 崖崩れなどで植生が失われ裸地化
3 小さな植物が侵入し始める
4 レブンアツモリソウの若い個体が出現
5 草原の中で開花
6 背の高い植物が育つとレブンアツモリソウは衰退する

●自生地復元のために

長年の調査から、レブンアツモリソウは草原の移り変わり、「遷移」の過程で出現したり消滅したりするらしいことが分かってきました。背の低い草原を好むため、草原の背丈が高くなったり樹木が育って日当たりが悪くなったりすると衰退していくことが観察されています。

自生の株がその場で生き続けるためには、ササや背の高い草などを人の手で刈り払う管理が有効のようです。環境省の試験区で行われた2013年から5年間の刈り払いでは、株の順調な回復が確認されています。島内の他の自生地でも刈り払い作業が試験的に行われています。

●培養レブンアツモリソウの展示

人工培養の技術はすでに確立しており、礼文町高山植物園では無菌培養して花壇で育てたものを、開花時期の調整をして6～8月に園内で展示しています。また共生菌培養のものを山に移植する試験も行われています。

環境省による試験地の刈り払い作業
写真提供／NPO法人 礼文島自然情報センター

4・5月の花々

○エゾヒメアマナ
（蝦夷姫甘菜 ユリ科）
13.5.29 礼文・桃岩展望台 M

●オオバナノエンレイソウ（大花延齢草 シュロソウ科）両島のあちこちに群生。礼文島の桃岩展望台にも群生するが、草原のものは背丈が小さい。林床のものは背丈が大きく、利尻町森林公園の群落は見事　18.5.12 利尻・沓形 M

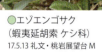

○エゾエンゴサク
（蝦夷延胡索 ケシ科）
17.5.13 礼文・桃岩展望台 M

○エゾイチゲ
（蝦夷一華 キンポウゲ科）
別名　ヒロバヒメイチゲ
10.5.25 礼文・香深井 M

○タカネグンバイ
（高嶺軍配 アブラナ科）
18.5.18 礼文・桃岩展望台 M

○エゾイヌナズナ（蝦夷犬薺 アブラナ科）　18.5.18 礼文林道 M

○コキンバイ
（小金梅 バラ科）
18.5.18 礼文・桃岩展望台 M

○ナニワズ
（難波津 ジンチョウゲ科）
別名　エゾナツボウズ
16.5.2 利尻・オタトマリ沼 M

○エンレイソウ（延齢草 シュロソウ科）　18.5.12 利尻・姫沼 M

●スミレ検索表

　春に開花するスミレの仲間の主な9種の検索表を作りました。地上茎があり茎の途中から花柄が伸びるタチツボタイプと、地上茎がなく地面から花柄が伸びるスミレタイプを見分けるところからスタート。

●キバナノコマノツメ
（黄花駒爪 スミレ科）
16.7.6 利尻山8合目 S

●ツボスミレ
（壺菫 スミレ科）
09.5.26 礼文・久種湖 M

地上茎	葉	花色	毛		
〈タチツボタイプ〉ある	丸く小さめ	黄色		1	キバナノコマノツメ
		白から薄紫		2	ツボスミレ（別名 ニョイスミレ）
		紫	側弁にある	3	アイヌタチツボスミレ
			側弁にない	4	オオタチツボスミレ
	丸く大きめ	紫	側弁にある	5	オオバタチツボスミレ

側弁に毛がない

●オオバタチツボスミレ
（大葉立壺菫 スミレ科）
12.6.17 礼文・スコトン S

側弁に毛がある

●アイヌタチツボスミレ
（アイヌ立壺菫 スミレ科）
13.5.29 礼文林道 M

●オオタチツボスミレ
（大立壺菫 スミレ科）
09.5.17 礼文・香深 M

〈スミレタイプ〉ない	丸い	赤紫		6	ミヤマスミレ
	細長い	紫	茎や葉にある		スミレ
			茎や葉にない	7	アナマスミレ
		白		8	シロスミレ

●アナマスミレ
（アナマ菫 スミレ科）
18.5.30 利尻・鴛泊ポン山 M

●シロスミレ
（白菫 スミレ科）長い葉柄が特徴
10.6.12 礼文・桃岩コース M

●ミヤマスミレ（深山菫 スミレ科）
18.5.19 礼文林道 M

○岬めぐりコース

レブンアツモリソウ群生地
例年5月下旬から6月中旬にかけて見学者通路を公開。雪解けの速度などで開花時期は前後する

スコトン岬		ゴロタ岬		鉄府		澄海岬		レブンアツモリソウ群生地		浜中
❶	4km 90分	❷	3.7km 90分	❸	1.6km 60分	❹		3.5km 80分		❺

●キジムシロ
（雉筵 バラ科）
06.6.3 礼文・召国 S

●ヒメイチゲ
（姫一華 キンポウゲ科）
16.5.3 利尻・沓形 M

●サクラソウモドキ
（桜草擬 サクラソウ科）
16.5.22 礼文・神崎

●ヒトリシズカ
（一人静 センリョウ科）
16.5.22 礼文・神崎 M

●クゲヌマラン
（鵠沼蘭 ラン科）
18.6.3 礼文・神崎 M

澄海岬〜稲穂岬〜ゴロタ岬〜スコトン岬と四つの岬を巡るコース。レブンアツモリソウの咲くころに歩くと、ネムロシオガマやサクラソウモドキなど季節を先駆ける花々に出合えます。風と波に洗われた厳しい断崖も、エゾイヌナズナやイワベンケイなどが開花して優しい表情を見せます。強風で通行が危険な日もあるのでご注意ください。

早春の久種湖

Rishiri Rebun 水辺の鳥たち

　4月上旬、礼文島・久種湖の氷が解けると、アオサギやダイサギ、マガモやコガモが先陣を切って降り立ちます。最北の湖・久種湖周辺の湿地は、ミズバショウをはじめたくさんの花が開花してにぎやかになります。北上する鳥の群れが次から次に立ち寄り、ひと休みしてから飛び立っていきます。春の渡りの時期に立ち寄る鳥は60種以上にもなりますが、夏を過ごす鳥はアオサギ、マガモなど30種ほどです。

　利尻島には環境の異なる二つの沼があります。島の南部、沼浦地区にあるオタトマリ沼は海に近く開放的で、久種湖と同じように渡り鳥が多く休みます。海岸で繁殖するオオセグロカモメやウミネコも水浴びにやって来ます。北部にある姫沼は原生林に囲まれた神秘的な沼。オシドリやカイツブリが繁殖し、周辺の森にはコマドリのさえずりやクマゲラのドラミングが響きます。

ダイサギ（夏鳥）

オオバン（夏鳥）

オシドリ（夏鳥）

ヒドリガモ（旅鳥）

カイツブリ（夏鳥）

キンクロハジロ（旅鳥）

マガモ（夏鳥）

オナガガモ（旅鳥）

アマサギ（旅鳥）

●夏を過ごす鳥（夏鳥）
アオサギ・アカエリカイツブリ・オオバン・オシドリ・カイツブリ・カルガモ・カワウ・ダイサギ・バン・マガモ・ヨシガモ　など

●渡りの時期に立ち寄る鳥（旅鳥）
アカガシラサギ・アマサギ・オオハクチョウ・オカヨシガモ・オナガガモ・カンムリカイツブリ・キンクロハジロ・コガモ・コサギ・コハクチョウ・シマアジ・スズガモ・チュウサギ・ハシビロガモ・ヒシクイ・ヒドリガモ・ホシハジロ・マガン・ミコアイサ　など

6月

　北の二島の6月はまだ肌寒く、ストーブを焚くこともしばしば。年によっては「本当にこの島に夏は来るのか」と思うほどです。遅霜が降りて、イタドリやヤマドリゼンマイが一斉に茶色く枯れてしまうこともありました。それでも、島人たちと同じく北の植物たちも寒さには強く、寒風が吹きつけてもへこたれずに花暦を進めていきます。

　そして、礼文島の丘の花々が最初のピークを迎えるのも6月。種類も数も、一年でもっとも華やかです。一方利尻島では、まず湿原や海岸、森の林床など裾野の花が開きはじめます。山頂の花たちはまだ雪の下、目覚めるのは6月下旬です。

　水辺の鳥も山の鳥も、子育てに忙しそう。一年でもっとも昼間の長い6月は、二島で命をつなぐものたちにとって特別な季節です。

エゾバフンウニ　キタムラサキウニ

盛りを迎えようとする桃岩コース　16.6.22 M

凪の日にはウニ漁が行われる。ホッケ漁も
最盛期を迎え、花の季節は漁師も忙しい
13.6.12 礼文・元地 S

二島花物語

エゾノハクサンイチゲ

エゾノハクサンイチゲは別名をカラフトセンカソウといい、その名の通り千花万花の大群落を作ります。礼文島では桃岩コース、礼文林道、礼文滝、宇遠内などの西側斜面に一斉に開花して花の季節の幕開けを宣言します。この花は、咲き始めは背丈が低く、地面に花を置いたような感じです。東を向いて朝日を迎え、西を向いて夕日を見送るように、花の向きを変えながら背丈を伸ばしていきます。種を結ぶころにはさらに背丈を伸ばし、50センチほどにもなります。

礼文島では、5月中旬から6月初旬に標高200メートルくらいのところに開花しますが、利尻島では1カ月ほど遅く、6月下旬から標高1500メートルくらいで開花します。高山植物の仲間が咲き継いでいく花の季節は、礼文島の西海岸では約5カ月ありますが、より気候の厳しい利尻山の高山帯では3カ月ほどです。

利尻山の山頂近く、ロウソク岩の裾に咲くエゾノハクサンイチゲ　16.7.6 S

西の海に夕日を見送る　11.6.8 礼文・桃岩コース M

花にひそんで虫を捉えるハナグモの仲間
12.5.25 S

咲いたばかりの背の低いエゾノハクサンイチゲ
16.5.22 礼文・桃岩コース M

実を結び背丈を伸ばしたエゾノハクサンイチゲ
17.6.21 礼文・桃岩コース M

●エゾノハクサンイチゲ
(蝦夷白山一華 キンポウゲ科)
17.6.5 礼文・桃岩コース M

Rishiri 溶岩の裾野をゆく

利尻島には 25 キロの自転車道が整備されています。車道と共用部分もあり、一周すると約 68 キロです。ここでは、鴛泊と沓形を結ぶ島の北西側のルートを取り上げます。

溶岩流の上をゆくこの道は、溶岩が作った多様な地形が次々と現れます。緑の草原を突き破るように黒い玄武岩が盛り上がり、その上は、北の島の短い夏に命をつなごうとする花たち、鳥たちのステージです。

● 自転車道

● エゾチドリ
（蝦夷千鳥 ラン科）
別名 フタバツレサギ
18.6.25 利尻・大磯 M

● ハマタイセイ
（浜大青 アブラナ科）
別名 エゾタイセイ
17.7.3 M

● ウミミドリ
（海緑 サクラソウ科）
17.7.3 利尻・大磯 M

○ ウミネコ、ただいま子育て中

雪解けを待つように、ウミネコは 2 月下旬、南の越冬地から利尻島に帰って来ます。海岸近くの草地に集まって巣を作り、一つのつがいは平均 2 個の卵を産み育てます。6 月、親鳥は雛に餌を運ぶのに大忙し。7 月、雛は巣立ち、全身茶色の幼鳥をたくさん見かけるようになります。そして 9 月には利尻を離れ、越冬地に旅立ちます。極東地域で生息するウミネコは、繁殖地は日本周辺に限られ、北海道レッドリスト（2017 年）には準絶滅危惧種として掲載されています。利尻島は、国内で最大規模の営巣地です。

一方で、利尻では昆布干し場などの糞害に悩まされ、対策が行われています。

卵は草や岩に似た保護色　18.5.11 S

最近の研究では、魚を食べたウミネコの糞には窒素やリンが豊富に含まれ、それらがやがて雨水によって海に運ばれることで、昆布の成長にも良い作用があることが分かってきました。※

ウミネコも昆布も利尻島の宝。共生の道が模索されています。

※（風間、2015）

テュムラス／溶岩流が冷え固まる時、内部のガスなどの圧力で小高く盛り上がったもの　17.9.1 S

Rishiri

○利尻山の溶岩

利尻山はいくつもの種類のマグマが噴出した複成火山で、溶岩流によって、含まれる溶岩の性質が異なります。その違いが裾野の風景を多様なものにしています。

溶岩じわ／粘度の低い玄武岩の流れた跡が縄状に残る　18.9.18 M

ペシ岬は粘度の高いデイサイトが海岸近くで噴火して盛り上がった溶岩ドーム　17.9.1 S

○異なる質の溶岩が作る多様な地形

溶岩の種類	玄武岩	安山岩	デイサイト
観察できる場所	本泊、大磯などの海岸	沓形採石場など	夕日ヶ丘、ペシ岬、ポンモシリ島、鴛泊ポン山
色	黒	灰色	白っぽい
凝固温度	1000℃以上	800〜1000℃	800℃以下
粘度	低	中	高
該当する溶岩流	沓形溶岩流	種富溶岩流	北部溶岩ドーム群

黒々とした玄武岩が海へと落ちていく。沖には礼文島が見える　18.9.5 S

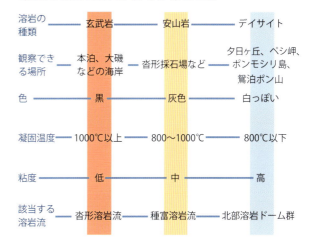

海岸草原に集団で営巣する　18.5.11 S

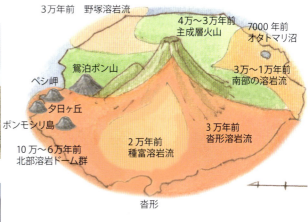

ウミネコのつがい　14.4.7 S
カモメの仲間の見分け方は P69 参照

資料提供・監修／谷内元（北海道大学・岩石学火山学研究グループ）

Rebun 礼文の丘は花盛り

6月は高山植物の仲間がもっとも多く開花します。礼文島の特徴は、標高わずか200メートル前後の丘に、本州では森林限界の上に生育するような高山植物が開花すること。海岸の植物もそこに分布を重ね、礼文島ならではのお花畑を作ります。しかし、この季節はまだ気温が低く霧の日も多いので、散策には寒さ対策を忘れずに。

●チシマフウロ（千島風露 フウロソウ科）
17.7.6 礼文・ゴロタ岬 M

エゾノハクサンイチゲ咲く桃岩コース　18.6.2 M

●クロユリ
（黒百合 ユリ科）
16.5.27
礼文・久種湖 M

●ミヤマオダマキ
（深山苧環 キンポウゲ科）
16.5.31 礼文林道 M

○レブンシオガマ（礼文塩竈 ハマウツボ科）17.6.23 礼文林道 M

　ヨツバシオガマは本州の高山にも咲きますが、北海道のものは北方型のエゾヨツバシオガマです。中でも礼文島のものは大型で、花の段数が20から30段もあり、レブンシオガマと呼ばれます。島中にたくさん開花して、自動車道の法面などで外来植物に負けずに咲くたくましさを見せます。利尻山のエゾヨツバシオガマは8合目付近に生育し、礼文島に比べて小さめです。

○チシマキンレイカ
（千島金鈴花 スイカズラ科）
別名　タカネオミナエシ
15.6.11 礼文滝 M

○ホソバノアマナ
（細葉甘菜 ユリ科）
15.5.25 礼文・桃岩コース M

○ミヤマハンノキ
（深山榛の木 カバノキ科）
16.5.22 礼文・桃岩コース M

○スズラン
（鈴蘭 クサスギカズラ科）
16.6.9 礼文・宇遠内 M

○ハクサンチドリ
（白山千鳥 ラン科）
15.5.26 礼文・知床 M

○ノビネチドリ
（延根千鳥 ラン科）
18.6.3 礼文・神崎 M

○シラゲキクバクワガタ
（白毛菊葉鍬形 オオバコ科）
09.6.5 礼文林道 M

○ヒメイズイ
(姫萎蕤 クサスギカズラ科)
13.6.6 礼文・鉄府 M

○イワベンケイ
(岩弁慶 ベンケイソウ科)
09.5.27 礼文滝 M

○イワツツジ (岩躑躅 ツツジ科)
13.6.20 礼文林道 M

○オオバナノミミナグサ
(大花耳菜草 ナデシコ科)
14.6.11 礼文・鉄府 M

○レブンハナシノブ (礼文花忍 ハナシノブ科) カラフトハナシノブの花序のつまった品種。雨や霧の日は花弁を閉じる
18.6.11 礼文・桃岩コース M

○バイケイソウ (梅蕙草 シュロソウ科)
10年に一度くらい大量に開花する年があり、2013年は桃岩展望台がこの花で埋まるほど咲いた。開花まで十数年はかかると言われる多年草で、花をつけない葉だけの若い個体も多数ある。紫はレブンハナシノブ　13.6.19 礼文・桃岩コース M

○ヤマハナソウ
(山鼻草 ユキノシタ科)
08.6.19 礼文・桃岩コース M

○桃岩展望台コース

礼文島には七つの多様なトレッキングコースがあります。中でも桃岩展望台コースは、レブンハナシノブやレブンシオガマ、レブンキンバイソウなど多くの花が咲き、利尻島を望みながら歩く尾根歩きのコースとして人気があります。歩道は整備されていますが、粘土質で雨や霧の日はぬかるみます。またアップダウンもかなりあるので、山用の靴やカッパをご用意ください。カッパは防寒着としても役立ちます。

●センダイハギ
（先代萩 マメ科）
08.6.8 礼文・桃岩コース M

○ミヤマキンポウゲ
（深山金鳳花 キンポウゲ科）
18.6.5 礼文・桃岩コース M

棲み分ける

森と花（利尻）

　島の形がまるで異なる二島は植物の様子もだいぶ違います。利尻島は分厚い原生林の「腹巻き」をしていて、高山植物の仲間は主にその上部に生育します。利尻島の森林限界は800メートル辺り、トドマツ、エゾマツなどが優先する亜高山性の高木林から、高山帯の指標となる背の低いハイマツ林に変わります。その周辺から上部が高山植物のお花畑です。

鴛泊ポン山から利尻山の裾野に広がる原生林
17.05.22 S

ササと花（礼文）

　礼文島は森林が貧弱で、ササに覆われた丘が連なります。標高で森と花が棲み分ける利尻島に対して、礼文島は西に高山植物の仲間、東にササが生育します。その理由は、季節風と積雪の関係にあるようです。

　冬には礼文島の西側斜面に北西の季節風が吹きつけるため、雪が吹き飛ばされて積雪はわずか、土壌は凍結します。そんな場所が、凍結にも耐えられる高山植物の仲間のすみかです。吹き飛ばされた雪は東側斜面に積もります。雪には保温効果があり、積雪が50センチあると土壌は凍りません。チシマザサは地面の温度が氷点下4.5度を下回ると、根元にある新芽が枯れてしまうそうです。※ササが、積雪のある東側に生育しているのはそのためです。

※（笹ほか、1991）

左側（東）にササ、右側（西）に高山植物が棲み分ける
10.6.30 礼文・桃岩コース M

桃岩に北西の風が強く当たり、雪が吹き飛ばされている
13.1.13 M

○ツルコケモモ
（蔓苔桃 ツツジ科）
17.7.3 利尻・南浜湿原 M

○ワタスゲ（棉菅 カヤツリグサ科）
周りの緑のシダはヤマドリゼンマイ。右下はミズバショウの葉　16.6.19 利尻・南浜湿原 M

○カキツバタ　（杜若 アヤメ科）
内花被片が直立する。外花被片に白い線がある
18.6.26 利尻・南浜湿原 M

○ツマトリソウ
（褄取草
サクラソウ科）
16.6.9 礼文林道 M

○オオダイコンソウ（大大根草 バラ科）16.6.27 礼文・桃岩コース M

○ヒオウギアヤメ（檜扇菖蒲 アヤメ科）内花被片は立ち上がらない。外花被片に白い虎斑模様がある
13.6.25 礼文・桃岩コース M

○ハマハタザオ
（浜旗竿
アブラナ科）
紫はシラゲキクバクワガタ
09.6.5 礼文林道 M

○エゾスカシユリ
（蝦夷透百合 ユリ科）
17.7.3 礼文林道 M

○ヤナギトラノオ
（柳虎尾 サクラソウ科）
18.6.25 利尻・オタトマリ沼 M

○イソツツジ（磯躑躅 ツツジ科）別名 エゾイソツツジ、カラフトイソツツジ
16.6.19 利尻・南浜湿原 M

○ミヤマハタザオ
（深山旗竿 アブラナ科）
16.5.31 礼文林道 M

●花園の白いパラソル——セリ科図譜

セリ科の花は主役になることはありませんが、この白い傘が花園を明るくしてくれます。小さなハエの仲間など虫たちもたくさん訪れる様子を見ていると、この花たちの大切な役割を感じます。葉の形、立ち姿、花穂の形など個性があるので見分けに挑戦してみてください。6月初めのシャクに始まり、最終ランナーのカラフトニンジンは8月中旬からと、咲く時期にも幅があります。

●エゾノシシウド（蝦夷猪独活 セリ科）16.6.20 利尻・富士野園地 M

●オオハナウド（大花独活 セリ科）09.7.5 礼文・桃岩コース M

●オオカサモチ（大傘持 セリ科）別名 オニカサモチ　16.6.9 礼文滝 M

●マルバトウキ（丸葉当帰 セリ科）10.7.6 礼文・鉄府 M

●エゾボウフウ（蝦夷防風 セリ科）18.6.25 礼文・桃岩コース M

●シャク（セリ科）13.6.20 礼文・香深 M

シャク　オオカサモチ　オオハナウド　エゾノシシウド　マルバトウキ
エゾボウフウ

6月中旬〜　　6月下旬〜

●シラネニンジン（白根人参 セリ科）　●エゾノヨロイグサ（蝦夷鎧草 セリ科）　05.7.23 礼文・桃岩コース M
別名 チシマニンジン　09.7.29 礼文林道 M

●ハマボウフウ
（浜防風 セリ科）
05.7.19 礼文・鉄府 M

●エゾニュウ（セリ科）16.7.18 礼文林道 M

●カラフトニンジン（樺太人参
セリ科）18.8.13 礼文・桃岩コース M

エゾノヨロイグサ　　エゾニュウ　　シラネニンジン　カラフトニンジン

ハマボウフウ

7月中旬〜　　　　　　　　　　　　　　7月下旬〜　8月中旬〜

37

Rishiri 利尻の森の花

　礼文島の草原が花盛りの頃、利尻島の森では木々に守られた草花たちの静かな営みが始まっていました。トドマツ、エゾマツなどの針葉樹が淡い緑の新芽を出し、ナナカマド、ダケカンバなどの広葉樹も芽吹きます。姫沼一周、ポン山姫沼コース、沓形森林公園などの森歩きの道があります。北の森の香りに包まれて、花たちを愛でながら散策してみてください。コマドリやクマゲラなど、木々の梢や幹のウロ、ササ薮の中などで子育てに忙しい森の鳥たちにも出合えるかもしれません。

●ホウチャクソウ（宝鐸草 イヌサフラン科）16.5.28 利尻・鴛泊 M

●オオアマドコロ（大甘野老 クサスギカズラ科）14.6.6 利尻・沓形 S

●ツバメオモト（燕万年青 ユリ科）16.5.28 利尻・鴛泊 M

●コミヤマカタバミ（小深山傍食 カタバミ科）18.5.30 利尻・鴛泊 M

●サイハイラン（采配蘭 ラン科）16.6.21 利尻・鴛泊 M

●マイヅルソウ（舞鶴草 クサスギカズラ科）
17.6.13 礼文林道 M

●コウライテンナンショウ
（高麗天南星 サトイモ科）
15.6.15 礼文林道 M

●コフタバラン（小二葉蘭 ラン科）16.6.21 礼文・宇遠内 M

●ツルシキミ（蔓樒 ミカン科）
18.5.29 利尻・鴛泊 M

●ゴゼンタチバナ
（御前橘 ミズキ科）
16.6.9 礼文滝 M

広大な原生林の裾野を持つ利尻山　15.5.10 利尻・姫沼 S

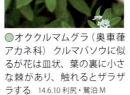

●クルマバソウ（車葉草 アカネ科）花は漏斗状、葉はオククルマムグラより明るい緑で、平滑で棘はない　13.6.12 利尻・鴛泊 M

●オククルマムグラ（奥車葎 アカネ科）クルマバソウに似るが花は皿状、葉の裏に小さな棘があり、触れるとザラザラする　14.6.10 利尻・鴛泊 M

●クルマバツクバネソウ（車葉衝羽根草 シュロソウ科）18.5.30 利尻・姫沼 M

「キューン、キューン」と森に響くさえずり、そして「ドッドッドッド」と低いドラミングの音。利尻の森に多数生息しているクマゲラは国内最大のキツツキです。

両島の森で繁殖する鳥は全部で40種ほど。トドマツとエゾマツの高木が立ち並ぶ森には、コマドリやウグイス、エゾセンニュウなどのさえずりもこだまします。

クマゲラ

草原と森の鳥たち

Rishiri Rebun

エゾカンゾウやハマナスの咲く海岸草原では、本州では高山で見る鳥のノゴマが、海岸の岩の上で声高にさえずります。子育ての季節はとてもにぎやかで、草原で繁殖する鳥は20種ほど。「ピップ、ピップ」と鳴きながらノリウツギの枝に現れたのはベニマシコ。ノビタキは花から花へと虫を追って飛び交います。

● 夏の海岸草原の鳥

アマツバメ・イソヒヨドリ・ウミウ・ウミネコ・オオジシギ・オオジュリン・オジロワシ・オオセグロカモメ・カッコウ・コヨシキリ・シマセンニュウ・ツバメ・ツメナガセキレイ・トビ・ノゴマ・ノビタキ・ハクセキレイ・ハヤブサ・ヒバリ・ベニマシコ・ホオアカ・ムクドリ・モズ　など

● 夏の森の鳥

アオジ・アオバト・アカゲラ・アカハラ・ウグイス・ウソ・エゾセンニュウ・エゾビタキ・カワラヒワ・キジバト・キセキレイ・キビタキ・クマゲラ・クロジ・クロツグミ・コゲラ・ゴジュウカラ・コマドリ・シジュウカラ・ツツドリ・トラツグミ・ハシブトガラ・ヒガラ・ホシガラス・マミジロ・ミソサザイ・ミヤマカケス・ヤマシギ・ルリビタキ　など

ノゴマ（草原）

アオジ（森）

ベニマシコ（草原）

ノビタキ（草原）

ウソ（森と草原）

ハクセキレイ（海岸草原）

コマドリ（森）

アカゲラ（森）

ツツドリ（森）

7月

　花の季節は続きます。エゾカンゾウは、自動車道路脇の法面などの暖かいところでは5月中にポツリポツリと咲き始めますが、開花のピークは6月下旬です。雪解けの遅い利尻山の中腹あたりでは7月中旬に開花するものもあります。

　島のあちこちで大きな群落を作りますが、たくさん咲く年とあまり咲かない年があり、島人(しまびと)にとっては身近で気になる存在です。仰ぎ見る利尻の山頂周辺はまだ雪が残りますが、リシリヒナゲシなど高山植物たちの短い夏がもう始まっています。

　浜はウニ漁やホッケ漁などで活気にあふれ、観光で訪れる人も一番多い季節。礼文の厳島神社や利尻の利尻山神社などの大祭もこのころ。集落ごとの小さな神社のお祭りもあちこちで行われます。

礼文島厳島神社のお神輿
12.7.15 S

●エゾカンゾウ（蝦夷萱草 ススキノキ科）別名 ゼンテイカ、ニッコウキスゲ　18.6.26 利尻・大磯 M

Rishiri 山頂の花

○チシマイワブキ
（千島岩蕗
ユキノシタ科）
10.6.30
利尻山 9 合目付近 S

○ミヤマアズマギク（深山東菊
キク科）16.7.6 利尻山頂付近 S

○エゾコザクラ（蝦夷小桜 サクラソウ科）10.6.30 利尻山頂付近 S

○エゾツツジ
（蝦夷躑躅
ツツジ科）
16.7.21
利尻山 9 合目付近 S

○ミヤマオグルマ
（深山小車 キク科）
16.7.21 利尻・三眺山 S

エゾイブキトラノオ咲く利尻山の 9 合目付近から礼文島を望む
18.8.3 利尻・沓形コース S

○イワギキョウ
（岩桔梗
キキョウ科）
09.7.26 利尻・三眺山 S

○エゾノツガザクラ（蝦夷栂桜
ツツジ科）08.6.27 利尻山頂付近 S

○イワヒゲ（岩髭 ツツジ科）
08.6.27 利尻山頂付近 S

　海上の独立峰・利尻山の登山シーズンは 6 月下旬から 9 月上旬くらいまで。天気に恵まれれば、サハリンや北海道本島、天売島や焼尻島まで望めます。日帰り登山が基本で、往復に 10 時間を要します。

　長い樹林帯を抜けた上部は急勾配で、登山道の侵食や崩壊もあり、かなりきつい行程です。山頂を目指すなら鴛泊コースの往復を、沓形コースは三眺山までの往復をおすすめします。

二島花物語

Rishiri リシリヒナゲシ

浜に咲く「栽培ヒナゲシ」
04.5.27 利尻・鴛泊湾内 M

毎年行われているリシリヒナゲシのモニタリング作業。新しく発見した個体は葉を採取して解析、栽培ヒナゲシと判明すれば除去している　17.7.28
写真提供／利尻島自然情報センター・小杉和樹

　利尻山上部斜面に見られるリシリヒナゲシは、世界に約100種あるケシ科ケシ属の中でただ一種国内に自生する固有種です。推定個体数は400弱と希少で「絶滅危惧ⅠB類」に選定されています。崩壊を続ける急斜面という他の植物が生育できないほど厳しい環境で命をつないできました。

　平地の浜などで、リシリヒナゲシに似た栽培ヒナゲシがたくさん咲いているのを目にします。園芸用に販売され、見た目で違いは分かりませんが、DNAの性質がチシマヒナゲシに近い花であることが2006年に行われた調査から分かりました。実は1980年ごろから2000年まで、栽培ヒナゲシがリシリヒナゲシの自生している利尻山上部に播種されていました。善意からと思われますが、もともと自生地にない種を持ち込む結果になってしまいました。

　08年からは、利尻山上部自生地のヒナゲシのDNAを一つ一つ調べ、栽培ヒナゲシを除去する活動が始まりました。自生地での確認数は徐々に減っていますが、ゼロではありません。利尻山の頂で、氷河の時代から咲きついできた固有種を守る努力が続いています。

○リシリトウウチソウ
（利尻唐打草 バラ科）
08.7.28 利尻・三眺山 S

○ヤマガラシ
（山芥子
アブラナ科）
11.6.15
利尻・ヤムナイ沢 S

○イワウメ（岩梅 イワウメ科）
16.7.6 利尻山頂付近 S

鴛泊コース9
合目の携帯
トイレブース
16.7.6 S

○リシリヒナゲシ
（利尻雛芥子 ケシ科）
08.6.27 利尻山9合目 S

ブースの冬囲い作業
16.10.15

木造、天窓付きの
携帯トイレブースは
明るく、床はメッシュ
で清潔感がある
13.6.2

掃除はシーズン中数回行われる
18.9.2

写真提供／（株）トレイルワークス・岡田伸也

○利尻山は携帯トイレの山

　利尻山は最北の日本百名山として人気が高く、年間約8千人が登山シーズンの3カ月に集中します。登山者のし尿による汚染という課題を解決するため、2000年から携帯トイレの取り組みが始まりました。島内の宿泊施設やコンビニで販売し、ブースを登山道の5カ所に設置、回収ボックスを登山口に置きました。定期的なメンテナンスも行われ、運用のシステムが出来上がりました。16年に行われた対面調査（※2）では、登山者の所持率は86パーセントに上り、システムが根付いたことがうかがえます。

　紙おむつのような吸水シートが2重のビニール袋に入ったもので、携帯トイレブースの便座にかぶせて使用します。使ってみると意外に快適で、山を汚さずにすむという爽快感があります。自分の排泄物は自分で持ち帰る。登山者一人一人の協力により、「利尻山は携帯トイレの山」として全国に知られるようになりました。

※1（Yamagishiほか、2010）　※2（佐藤ほか、2018）

希少種

　両島には、レブンアツモリソウやリシリヒナゲシだけでなく、生育地が限られ個体数も少ない希少植物が数多く生育しています。気候の温暖化などの環境の変化に加え、人為的な盗掘や踏みつけ、外来植物の侵入など、希少種を脅かす要因はたくさんあります。これらの希少種に植物園や花壇で出合うのではなく、歩道や登山道で当たり前のように咲いている島であってほしいと願っています。

○レブンソウ EN En（礼文草 マメ科）6月中旬〜　分布が礼文島に限られる固有種だが個体数は多い。海岸付近から丘の稜線まで生育し花期も長い　M

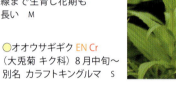
○オオウサギギク EN Cr（大兎菊 キク科）8月中旬〜　別名 カラフトキングルマ　S

○レブンサイコ EN（礼文柴胡 セリ科）7月中旬〜　M

○リシリリンドウ VU En（利尻竜胆 リンドウ科）7月中旬〜　登山道から見られるものは少ない　M

○リシリハタザオ EN（利尻旗竿 アブラナ科）2007年に新たに発見された植物　S

○リシリソウ CR Vu（利尻草 シュロソウ科）7月中旬〜　利尻山上部にまれ。礼文島では歩道沿いで観察できる　M

○エゾノヨモギギク VU En（蝦夷蓬菊 キク科）8月中旬〜　海岸近くの岩場に咲く　M

○リシリゲンゲ EN En（利尻蓮華 マメ科）7月中旬〜　レブンソウに似るが、分布は利尻山、夕張岳、ニペソツ山などの高山礫地　S

○フタナミソウ CR En（二並草 キク科）6月中旬〜
別名 フタナミタンポポ。和名は礼文島の二並山から。
国内では礼文島だけに自生　S

○ウルップソウ NT Cr
（得撫草 オオバコ科）
6月上旬〜
別名　ハマレンゲ　S

○エゾルリムラサキ
CR Cr（蝦夷瑠璃紫
ムラサキ科）6月下
旬〜　写真左端はチ
シマギキョウ　S

○エゾタカネツメクサ CR Cr（蝦夷高嶺爪草
ナデシコ科）7月中旬〜　S

○ミヤウチソウ EN Vu
（宮内草 アブラナ科）5月中旬〜
別名　ホソバコンロンソウ、ホソバ
タネツケバナ　M

●希少種リスト

両島に自生する植物のうち、環境省と北海道が絶滅の恐れが高いランクに選定した種。絶滅の危険が高いものから順に4段階でランク付けされている。

環境省指定絶滅危惧種／CR　EN　VU　NT
北海道指定絶滅危惧種／Cr　En　Vu　R

○エゾタカネツメクサ‥‥‥‥‥‥‥CR Cr
○カラフトヒロハテンナンショウ‥‥EN
○コイチヨウラン‥‥‥‥‥‥‥‥　 　En
○サクラソウモドキ‥‥‥‥‥‥‥EN R
○タカネグンバイ‥‥‥‥‥‥‥‥EN Vu
○チシマキンレイカ‥‥‥‥‥‥‥EN
○ハマタイセイ‥‥‥‥‥‥‥‥‥CR En
○ベニバナヤマシャクヤク‥‥‥‥VU En
○ミヤウチソウ‥‥‥‥‥‥‥‥‥EN Vu
○リシリソウ‥‥‥‥‥‥‥‥‥‥CR Vu
○リシリビャクシン‥‥‥‥‥‥‥VU En
○レブンサイコ‥‥‥‥‥‥‥‥‥EN
○ウルップソウ‥‥‥‥‥‥‥‥‥NT Cr
○エゾノダッタンコゴメグサ‥‥‥CR
○エゾルリムラサキ‥‥‥‥‥‥‥CR Cr
○オオウサギギク‥‥‥‥‥‥‥‥EN Cr
○カラフトイワスゲ‥‥‥‥‥‥‥EN En
○カラフトゲンゲ‥‥‥‥‥‥‥‥EN R
○カラフトハナシノブ‥‥‥‥‥‥EN Vu
○カラフトマンテマ‥‥‥‥‥‥‥EN R
○トチナイソウ‥‥‥‥‥‥‥‥‥EN R
○トラキチラン‥‥‥‥‥‥‥‥‥EN Vu
○フタナミソウ‥‥‥‥‥‥‥‥‥CR En
○ホテイアツモリ‥‥‥‥‥‥‥‥CR Cr
○レブンアツモリソウ‥‥‥‥‥‥EN Cr
○レブンウスユキソウ‥‥‥‥‥‥EN Vu
○レブンソウ‥‥‥‥‥‥‥‥‥‥EN En
○エゾイチヤクソウ‥‥‥‥‥‥‥EN
○エゾサカネラン‥‥‥‥‥‥‥‥　 　Cr
○エゾタカネヤナギ‥‥‥‥‥‥‥EN
○エゾヨモギギク‥‥‥‥‥‥‥‥VU En
○キタダケデンダ‥‥‥‥‥‥‥‥CR Vu
○チシマイワブキ‥‥‥‥‥‥‥‥EN
○チシマツメクサ‥‥‥‥‥‥‥‥CR R
○ツクモグサ‥‥‥‥‥‥‥‥‥‥EN Cr
○フタマタタンポポ‥‥‥‥‥‥‥EN
○ベニシオガマ‥‥‥‥‥‥‥‥‥CR Cr
○リシリゲンゲ‥‥‥‥‥‥‥‥‥EN En
○リシリハタザオ‥‥‥‥‥‥‥‥EN
○リシリヒナゲシ‥‥‥‥‥‥‥‥EN Vu
○リシリリンドウ‥‥‥‥‥‥‥‥VU En

●レブンウスユキソウ（エゾウスユキソウ）
（礼文薄雪草 キク科）北海道北部、中央高地、東部に分布
16.7.12 礼文・桃岩コース M

二島花物語

レブンウスユキソウ

5月の終わり頃に新芽が出る。葉は白い毛に覆われ、小さくてもすぐにそれと分かる　06.5.27 礼文滝 M

茎の先に蕾が見え始めた。まだ寒い日もあるが、白い毛は寒風や乾燥などから植物を守るセーターのようなもの。この株が開花するまではまだ1～2週間かかる　16.7.7 礼文林道 M

真ん中の頭花から周りの頭花へと咲き移っていき、1本の花は3週間ほど咲き続ける　18.7.28 礼文林道 M

小さな花が丸い束になった頭花が数個あり、真ん中のものから順に黄色い雄しべを見せて開花する。花弁のように見えるのは葉の変化した苞葉で、星のような形に開く。雪をかぶったように、この頃が一番白く美しい　16.7.7 礼文林道 M

秋、枯れ野に種を結んだレブンウスユキソウが立つ。タンポポと同じように綿毛を持つ種を風に旅立たせる　12.11.6 礼文・桃岩コース M

雪も吹き飛ばされてしまうような風の強い場所で埋もれずに立ち続けるレブンウスユキソウ　10.2.18 礼文林道 M

　レブンウスユキソウはヨーロッパ・アルプスのエーデルワイスの仲間で、エゾウスユキソウと同一種。でも誰が呼び始めたのか、島人も観光客もみな愛情を込めてレブンウスユキソウと呼びます。

　写真に比べると実物は意外に地味。でも、この花のまとう雰囲気には清楚さと気高さがあり、人を惹きつける魅力を持っています。それは、島の中でもっとも風当たりが強く、冬は土壌が凍りつくような厳しい環境で命をつないできた誇りなのかもしれません。個体数が多く花期も長いため、自然歩道を歩けばどこかで出合えると思います。

7月の花々

　利尻山の頂に短い夏が来て、高山植物の花たちの開花がピークを迎えています。利尻の頂より少しだけ夏が長い礼文島の丘や両島の海岸草原では、背丈の高めな夏の花が盛りとなりました。

●エゾイブキトラノオ（蝦夷伊吹虎尾 タデ科）桃岩コースの大群落は見応えがあるが、利尻山頂付近でも同じ頃に群落する。この花が終わると、草原は秋の花へと変わっていく　14.7.12 礼文・桃岩コース M

●エゾノレンリソウ（蝦夷連理草 マメ科）
10.6.30 礼文・桃岩コース M

●ヒロハクサフジ（広葉草藤 マメ科）小さなマメ科の蔓植物が目立つ季節。一番目につくのがこのヒロハクサフジで、海岸にも丘の上にも生育、花期も長い
18.8.13 礼文・桃岩コース M

●クサフジ（草藤 マメ科）
10.7.30 礼文・桃岩コース M

○ギョウジャニンニク
（行者大蒜 ヒガンバナ科）
09.7.5 礼文・桃岩コース M

○ミヤマラッキョウ
（深山辣韮 ヒガンバナ科）
16.6.27 礼文・宇遠内 M

○チシマアザミ（千島薊 キク科）
14.7.20 礼文・桃岩コース M

○カラフトイチヤクソウ
（樺太一薬草 ツツジ科）
08.7.9 礼文林道 M

○カラフトマンテマ
（ナデシコ科）
16.7.24 礼文・8時間コース M

○シロヨモギ
（白蓬 キク科）
10.7.16 礼文・鉄府 M

○エゾムカシヨモギ
（蝦夷昔蓬 キク科）
08.7.10 礼文林道 M

○ハマベンケイソウ（浜弁慶草 ムラサキ科） 10.7.7 礼文・元地 M

○オニシモツケ（鬼下野 バラ科）やや湿った場所を好み、大群落を作る。蕾はピンクで、開くとクリーム色になる 16.7.12 礼文・桃岩コース M

道の整備

希少種を守る自然歩道

2015年から始まった環境省による礼文・桃岩コースの歩道整備は、オーバーユースによる歩道周辺の荒廃を防ぐことを目的に、植物にダメージを与えないよう5年がかりでじっくり進められています。事前調査は12年から始まり、歩道沿いの希少種をできるだけ損なわないよう計画されました。工事後も、植物の回復状況をモニタリングしています。

高山植物は、寒冷な環境には強くても、人による踏みつけには無力です。踏みつけでできた裸地からは外来植物も侵入します。歩道ぎわまで高山植物が咲くような魅力ある環境を未来に残したいものです。

エゾノハクサンイチゲの群落になじむように整備された自然歩道 18.5.23 S

山を守る登山道

利尻山の上部は、赤茶色の「スコリア」という火山砕屑物に覆われていてとても崩れやすい土壌です。かつては人が一歩登るたびにザーザーと崩れ、崩れたスコリアが周辺の植生を覆ってしまう状態でした。

05年から環境省や地元関係機関によって行われている登山道補修は、土壌を安定させ、周辺の植生回復を促すことを目的として毎年作業が続けられています。斜面を流れる水や、人の動線を予測して設計され、長期的に登山道を維持できるよう配慮されています。

山頂付近は崩れやすいスコリアが露出している。厳しい気象条件と急斜面の中、人力で行われた難工事だった。現在も点検と補修が続けられている 18.8.3 S

希少種レブンウスユキソウが歩道にはみ出すように咲く。こうした風景が消えることのないよう、工事は慎重に進められている
16.8.10 M

◯ハイオトギリ
（這弟切 オトギリソウ科）
16.7.21 利尻山9合目 S

14年の豪雨災害で閉鎖されていた桃岩展望台北側歩道のボランティアによる復旧作業。歩道の利用者と管理者が協働で作業した　15.9.26
写真提供／NPO法人礼文島自然情報センター

◯ヤマブキショウマ（山吹升麻 バラ科）08.7.10 礼文・桃岩コース M

切り欠き
水叩き
プール
補助ステップ
登山者のステップ

◯ステップ&プール工法
登山道を流れる水は、横木によってせき止められたプールに落ちて流れの勢いを削がれる。横木の切り欠きの下には水叩きと呼ばれる石が置かれ、滝つぼのように洗掘されるのを防いでいる
15.8.23 M
取材協力／(株)トレイルワークス・岡田伸也

◯クモキリソウ（雲切草 ラン科）
礼文島には少し遅れて開花するシテンクモキリもある
17.7.9 礼文林道 M

8・9月

　北の二島では、8、9月は夏と秋が同居する季節です。利尻山の八合目付近では、秋の花を代表するリシリブシが一足早く咲き始めました。少し遅れて礼文島の桃岩コースでもたくさん咲きますが、気候の厳しい利尻山上部の夏は短く、秋は早くやってきます。

　夏休みの島は家族連れの観光客や帰省でにぎやか。8月は天然昆布漁の最盛期ですが、サケやマイカなどの秋の漁も始まり、漁師の忙しい日々は続きます。丘や海岸草原では、コガネギクやツリガネニンジンなど、秋の花が徐々に数を増やしていきます。8月下旬は天候が安定して暖かく、花も多いので散策にはおすすめの季節です。秋の花は9月に入っても数を減らしながら咲き続けますが、咲き終わった夏草の茶色が目立つようになります。

●リシリブシ（利尻附子 キンポウゲ科）カラフトブシの変種で背丈が低く花序が詰まっている。頂上の蕾から順に開き、下段の花が開花する頃には、もう上段は緑の種を結んでいる。訪れているのはトラマルハナバチ
18.9.3 礼文・桃岩コース M

リシリブシ咲く利尻山沓形コース。黄色はコガネギク 18.8.21 S

○リシリアザミ（利尻薊 キク科）利尻島固有のアザミで上を向いて咲く。総苞片が反り返るなどの特徴がある　18.8.21 利尻・南浜湿原 M

○コバギボウシ（小葉擬宝珠 クサスギカズラ科）北海道のものを変種タチギボウシとする見解もある　13.8.1 利尻・南浜湿原 M

○ホザキナナカマド（穂咲七竈 バラ科）
17.8.5 利尻・森林公園 S

○エゾフウロ（蝦夷風露 フウロソウ科）16.7.22 利尻・富士野園地 S

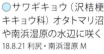

○サワギキョウ（沢桔梗 キキョウ科）オタトマリ沼や南浜湿原の水辺に咲く　18.8.21 利尻・南浜湿原 M

○モウセンゴケ（毛氈苔 モウセンゴケ科）13.7.17 利尻・南浜湿原 M

ノコギリソウ

葉の縁が鋸のようにギザギザしていることからこの名が付きました。変異が多い植物で、右の三つの他にもアカバナエゾノコギリソウ、ノコギリソウに近い個体や、外来植物のセイヨウノコギリソウも両島の自動車道脇などで見られます。

Rebun

○エゾノコギリソウ（蝦夷鋸草 キク科）葉の縁のギザギザが細かくヤスリのよう。花色は白　18.9.3 礼文・桃岩コース M

Rishiri

○シュムシュノコギリソウ（占守鋸草 キク科）葉の切れ込みが深く利尻山上部で見られる。花色は白からピンク
16.7.21 利尻山 7 合目 S

昆虫も氷期から

ダイセツタカネフキバッタ

　成虫でも全く翅がありません。高山植物と同じように、氷期に南下した種が高山で命をつないだ末裔と考えられています。利尻山では中腹以上の登山道で見かけます。利尻島の平地や礼文島では、翅が退化して小さくなったミカドフキバッタも生息しています。

クモマベニヒカゲ

　利尻山の7合目以上でまれに見られる高山蝶で後翅にもオレンジ色の紋があり、裏面にも帯状の白い斑紋があるのが特徴。利尻島の平地や礼文島ではベニヒカゲが多数生息していますが、こちらも本州では亜高山帯から高山帯の蝶です。

山頂付近のスコリアに乗るダイセツタカネフキバッタ
06.9.14 利尻山上部 S

チシマアザミで吸蜜するクモマベニヒカゲ　18.8.3 利尻山上部 S

クモマベニヒカゲ
18.8.3 利尻山上部 S

●キタノコギリソウ（北鋸草 キク科）別名　ホロマンノコギリソウ。二島でもっともよく見られる。はっきりした鋸葉で基部に葉片がある。花色はピンクから白
17.8.3 礼文・桃岩コース M

ベニヒカゲ
08.8.17 礼文林道 S

草原の秋の花

●クサレダマ（草連玉 サクラソウ科）ピンクはエゾイブキトラノオの名残花 16.8.19 礼文・桃岩コース M

●ヤマハギ（山萩 マメ科）12.8.10 礼文・江戸屋山道 M

礼文島の丘や利尻山の裾野で秋の花が静かに咲いています。初夏の花のように競い合うあでやかさはありませんが、秋の花は一つの種類が長く咲くことが多く、草原の緑が力を失って枯れ野に変わるまで、数を減らしながら咲きつづけます。

●エゾカワラナデシコ（蝦夷河原撫子 ナデシコ科）11.8.16 礼文・桃岩コース M

●エゾオトギリ（蝦夷弟切 オトギリソウ科）18.7.30 礼文林道 S

●オトギリソウ（弟切草 オトギリソウ科）18.8.5 礼文・桃岩コース M

●クルマバナ（車花 シソ科）06.8.6 礼文・桃岩コース M

●ミソガワソウ（味噌川草 シソ科）06.7.27 礼文・桃岩コース M

●トウゲブキ（峠蕗 キク科）別名 エゾタカラコウ　18.8.13 礼文・ゴロタ岬 M

礼文・8時間コース

礼文島8時間コース
Rebun

礼文島の西海岸は波と風に削られた断崖絶壁が続きます。地形や気候が厳しいため、利尻島のように一周する自動車道はありません。そのため人の手の入らない自然が今に残り、原始の礼文島を感じることができる自然歩道です。周氷河地形、亜高山植生の森、風衝（ふうしょう）草原、海食崖と多様な風景を踏破します。

コースタイム上は6時間台ですが、花を見たり休憩の時間を含めると8時間を超えることもあります。ルートは長く、波が高いと渡れない難所もありますので、気象情報をチェックして装備を整えて臨んでください。

❸ 召国分岐周辺はなだらかな草原が続く。周氷河地形の丘を眺めて歩く

❸から❹の樹林帯はけっこう長い。前半はトドマツの暗い森、後半はダケカンバとハイマツの明るい森になる

船泊 3km　浜中バス停
近くにトイレあり（この先、宇遠内までトイレなし）
アツモリソウ群生地（開花期は5月下旬〜6月上旬）
8時間コース入口 h=70m（車両規制のゲートがある）
スコトン岬 6km　分岐（西上泊方面に進む）
ササ原
ゴロタ浜　鉄府　西上泊
西上泊からの歩道と合流
澄海岬

🚻 トイレ
Ⓑ バス停
🅿 駐車場

浜中バス停 ❶ ─ 3km／40分 ─ ❷ 8時間コース入口 ─ 2.5km／50分

○イブキジャコウソウ
（伊吹麝香草 シソ科）
18.9.3 礼文林道 M

○ガンコウラン（岩高蘭 ツツジ科）
17.7.24 礼文・8時間コース M

○クルマユリ（車百合 ユリ科）
16.7.24 礼文・8時間コース

○ミヤケラン（三宅蘭 ラン科）
16.7.24 礼文林道 S

Rebun

❹のハゲ山の先の通称「砂すべり」。足場の悪い急斜面だが、ツリガネニンジンなど花も多い

❺アナマから宇遠内までは道なき道、海岸の岩をたどって進む。断崖には西から東に傾斜する礼文島の堆積層があらわになっている。春先は落石に注意。波の高い時は無理せず引き返そう

船泊 13km
右手 200m 先にバス停あり（バス停以外でも乗り降りできる自由乗降）

藤コンクリート
香深井
香深港 6km →

緑ヶ丘公園キャンプ場（トイレ、水場あり）

宇遠内山道入口 ❼

香深方面

★周氷河地形の低い山が連なる

アキカラマツ
チシマリンドウ
トウゲブキ
★風衝草原 高山植物が多い

ミヤマアキノキリンソウ
クルマユリ
ツバメオモト（青い実）

レブンウスユキソウ
カラフトマンテマ
チシマワレモコウ

トドマツ林
エゾオヤマリンドウ

峠 h=188m

★樹林下で3カ所橋を渡る
トドマツ・ダケカンバ林からハイマツ・ダケカンバ林に変わる
コマドリ ホシガラス シマリス

★視界が開けて西の海が見える
ハイマツ ダケカンバ林

❸ 召国分岐 h=180m
ツリガネニンジン
ガンコウラン リシリビャクシン
キタノコギリソウ

ハゲ山 h=180m
通称「砂すべり」を下る。足場が悪いので慎重に

❹ ❺ アナマ岩
海岸の岩を渡っていく。波が高いと進めない

❻ 宇遠内
トイレ、売店あり

★この先の海岸線は危険なため通行禁止

❸ 召国分岐	❹ ハゲ山	❺ アナマ岩	❻ 宇遠内	❼ 宇遠内山道入口	❽ 香深井
5km／120分	1km／40分	1km／40分	3km／80分	2km／30分	

●オオウバユリ（大姥百合 ユリ科）19.8.6 礼文林道 M

●ヨツバヒヨドリ（四葉鵯 キク科）18.9.18 礼文林道 M

○アサギリソウ（朝霧草 キク科）09.9.5 礼文・ゴロタ浜 M

8・9月の花々

●ダイモンジソウ
（大文字草 ユキノシタ科）
13.7.13 礼文・桃岩コース M

●ハチジョウナ（八丈菜 キク科）14.8.30 礼文・ゴロタ浜 M

●ウメバチソウ（梅鉢草 ニシキギ科）右は咲いたばかりの花、左は咲いてから数日たったもの。咲き進むと雄しべが展開して、中から雌しべが現れる。美しい仮雄しべがあり、糸状に裂けて黄色い腺体が付く　15.8.8 礼文・桃岩コース M

●エゾオヤマリンドウ
（蝦夷御山竜胆 リンドウ科）陽光が十分ないとなかなか花冠を開かない
05.9.11 礼文・宇遠内 M

○ゴマナ
（胡麻菜 キク科）
18.9.25 利尻・沓形 M

○ナミキソウ（波来草 シソ科）より大形で湿地を好む近似種エゾナミキも二島にある
11.7.30 礼文・鮑古丹 S

○コガネギク（黄金菊 キク科）
別名 ミヤマアキノキリンソウ
05.9.14 礼文・江戸屋山道 M

○ハンゴンソウ（反魂草 キク科）平地では高さ約2mほどあるが、山の上などでは60cmほど。中には葉が切れ込まないヒトツバハンゴンソウと呼ばれるものもある　18.9.9 礼文・桃岩コース M

○ヤナギタンポポ
（柳蒲公英 キク科）
14.8.6 礼文・宇遠内 S

○シコタンヨモギ（色丹蓬 キク科）
11.8.26 礼文・桃岩コース M

○サラシナショウマ
（晒菜升麻 キンポウゲ科）
18.9.17 利尻・鴛泊 M

○アキカラマツ
（秋唐松 キンポウゲ科）
12.8.7 礼文・宇遠内 S

○エゾシマリス 利尻登山道ではかなりの確率で出合う。礼文島ではまれ
09.7.26 利尻山上部 S

○チシマワレモコウ(千島吾木香 バラ科) 礼文島の丘に群生する。より大形のナガボノシロワレモコウが両島の海岸草原や湿原に生育する
18.8.18 礼文・桃岩コース M

○レブントウヒレン(礼文唐飛廉 キク科) 利尻島の海岸にはより大形のナガバキタアザミも見られる 18.9.3 礼文林道 M

○カセンソウ(歌仙草 キク科)
18.8.21 利尻・富士野園地 M

○ハナイカリ(花碇 リンドウ科)
18.8.27 礼文林道 M

○チシマリンドウ(千島竜胆 リンドウ科)
18.8.28 礼文・鉄府海岸 M

○ヤマハハコ(山母子 キク科)
18.8.18 礼文・桃岩コース M

○キンミズヒキ(金水引 バラ科) 17.7.24 礼文林道 M

○シオガマギク(塩竈菊 ハマウツボ科)
11.8.2 礼文・桃岩コース M

二島花物語

ツリガネニンジン

雌しべの変化
開花したばかりの頃の雌しべは棍棒状①。先に熟した雄しべの中を伸びてきて、丸い頭に花粉を付けている。数日たつと雌しべの先が割れて開き②、今度は訪花する昆虫から他の花の花粉を受け取る

●ツリガネニンジン（釣鐘人参 キキョウ科）花序のつまったハクサンシャジンタイプ 18.8.13 礼文・ゴロタ岬 M

背の高い平地タイプ
礼文林道

白毛が密生するシラゲシャジンタイプ 利尻・神居海岸

　ツリガネニンジンは二島の秋を代表する花の一つです。下を向いて咲く姿は控えめですが、黄色のトウゲブキやピンクのエゾカワラナデシコなどと咲き合わせ、草原を彩ります。変異の多い植物で、二島の中でもさまざまなタイプが見られます。

　礼文島の丘の上で見られるのは、釣鐘形の花冠がふっくらと丸みがあり、花と花の間が詰まったタイプ。10〜20センチと背の低い高山型で、ハクサンシャジンと呼ばれるものです。風当たりの弱い平地のものは1メートルほどの背丈があり、枝分かれするタイプもあります。

　利尻島では海岸の岩場や草原に咲きます。礼文島より花冠の釣鐘がほっそりしたものが多く、海岸の岩場では、茎や葉に細かな毛が密生するシラゲシャジンと呼ばれるものも見かけます。これらの変異は連続していて分けるのは困難です。

●エゾオグルマ（蝦夷小車 キク科）06.8.10 利尻南浜 M

島のゴメたち

カモメの仲間の見分け方

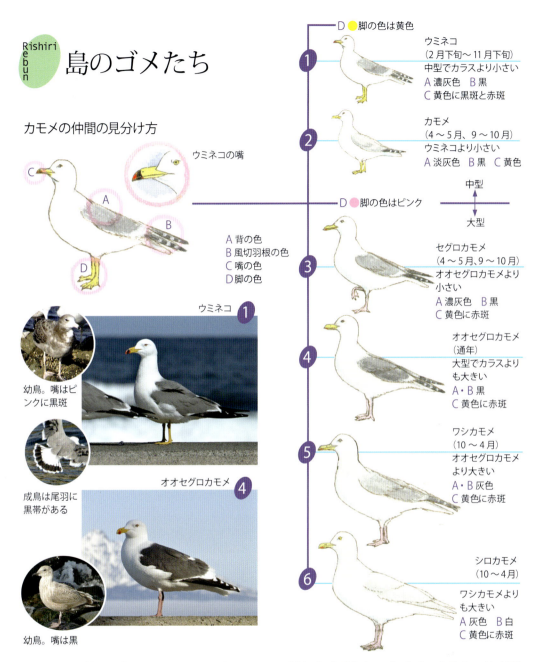

カモメの仲間は探すのに困らないくらい海辺にたくさんいて、島人はひとくくりに「ゴメ」と呼びます。夏の間に両島で繁殖しているカモメ類はウミネコとオオセグロカモメ。まずこの2種を見分けてみましょう。

秋になって越冬のためにやってくるのはワシカモメとシロカモメ。ウミネコは南下していなくなり、オオセグロカモメは数を減らします。この他にもカモメやセグロカモメ、ここでは紹介していませんがユリカモメやミツユビカモメなども渡りの途中に立ち寄ります。

海の動物たち

ケイマフリ
冬に多いが夏も少数見られる 12.4.7 S

二島周辺の海は漁業資源に恵まれた豊かな海です。餌となる魚が多いので、海獣や海鳥もたくさん生息しています。

かつてゴマフアザラシは、夏はサハリンや千島列島で過ごし、二島周辺には越冬のためにやってきていました。しかし2000年ごろからは夏も頻繁に見るようになりました。礼文島では生息数の調査が行われ、多い時には1日に1000頭以上をカウントしたこともあります。漁業被害も報告され、害獣駆除対象になっています。凪の日には、岩場で昼寝をする姿や、海面に頭だけ出して浮かぶ様子などを岸から観察できます。

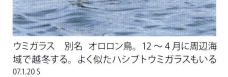

ウミガラス　別名 オロロン鳥。12〜4月に周辺海域で越冬する。よく似たハシブトウミガラスもいる　07.1.20 S

ウトウ　礼文島北部のトド島で繁殖。航路では魚をくわえて飛ぶ姿も見られる　06.6.20 S

イシイルカ(鯨類) 13.5.5 S

ミンククジラ(鯨類) クジラ類は5〜6月に見ることが多い 13.6.6 S

○甲板観察のすすめ
　利礼航路のフェリーの甲板では北の海の生き物たちと出合えます。まずは出港後、入港前の30分くらいを目安にするとよいでしょう。航路では鳥類35種、鰭脚類3種、鯨類4種を確認しています。必ず出合えるのはカモメ類やウミウ。ミズナギドリの群れやウトウ、運が良ければクジラやイルカに出合うことも。

注意●甲板でカモメ類に餌を与えるのはやめましょう。野生生物の生活習慣を変えてしまう恐れがあります。近寄りすぎずに共生することが大切です。

ゴマフアザラシ(鰭脚類)
好奇心が旺盛で、海の中から人間を見ていることも。30mくらいまで近づくと逃げてしまう。海中の鳥はアオサギ
14.9.14 S

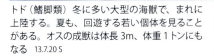
トド(鰭脚類)冬に多い大型の海獣で、まれに上陸する。夏も、回遊する若い個体を見ることがある。オスの成獣は体長3m、体重1トンにもなる　13.7.20 S

ウミウ
島の岩場で繁殖。
冬はヒメウも多い
18.3.11 S

ハシボソミズナギドリの群れ
5〜6月には1万羽もの群れと出合うことも　10.4.23 S

昆布採りの季節

天然昆布漁は7月中旬から9月初旬が漁期。大切な初漁の日は、海が凪いで、昆布がからりと干し上がるような晴天の日を選びに選んで行われます。初日は採取量も多く、島中の人が手伝いに出て、浜は活気にあふれます。

天然昆布漁は年によって採れ高に変動があり、何日も行われる年もあれば、一斉に採るのは1日だけという年もあります。近年は養殖昆布の技術も確立し、安定した生産が行われています。

● 利尻産でも礼文産でも「利尻昆布」

海産物としての「利尻昆布」は、北海道北部、日本海側からオホーツク海側までの地域で採取される「リシリコンブ」の製品名です。利尻島・礼文島産のものは、道内産より短めですが品質が良く、高値を付けます。クセがなく、風味豊かな澄んだダシは京都で人気が高く、懐石料理や漬物などに使われています。

北海道産昆布の主な銘柄

昆布干し
砂利を敷き詰めた昆布干場に手作業で並べていく。晴天に恵まれれば午後3時ごろには黒々と固い昆布に仕上がる

磯舟による昆布漁
「ねじり」と呼ばれる棒で根元からねじり取る。柄の長い鎌で刈り取る方法もある

●リシリコンブの生活史

リシリコンブはコンブ科カラフトコンブ属マコンブの変種です。比較的浅い海中で、根のような器官で岩などに付着し、光合成で成長します。昆布の仲間は花を付けず、シダ植物のように胞子で増える海藻です。リシリコンブの寿命は2年ですが、1年で終わってしまうものもあります。

1年目

遊走子●秋に母藻から生まれた遊走子（胞子）は長短2本のベン毛で水中を泳ぐ

昆布の赤ちゃん誕生●岩などに付着した遊走子は、雄と雌のそれぞれの配偶体となり精子と卵子を作る。受精した卵は発芽し成長する

水昆布●春から急激に成長して昆布の姿になるが、まだ薄くダシ用には使えないので「水昆布」と呼ばれる。秋には遊走子を出す

2年目

再生昆布●先端は一度枯れるが、成長点から再生が始まり、翌春から急激に成長する

2年目の夏●1年目の水昆布より厚く大きくなる。これをダシ昆布として採取する

枯死●2年目の昆布は秋口に遊走子を出した後、枯れて抜け落ちる

●昆布の養殖

養殖用の昆布はロープに植え付けられ、海中の施設で育ちます。天然ものが最長2メートル程度なのに対し、養殖ものは3メートル以上になるものも。やや薄めですが、どちらも同じリシリコンブなので、ダシの特徴は同じです。

利尻山を背に操業する天然昆布漁　16.7.20 礼文・香深S

収穫は7月。天候にかかわらず毎日のように水揚げし、乾燥小屋で乾かす
取材協力／浜下家
（礼文・鮑古丹）

外来植物との戦いは続く

セイヨウタンポポを中心にした外来種除去が礼文島の桃岩で始まったのは2000年のこと。利尻島でのオオハンゴンソウの除去は種富湿原で01年から、南浜湿原では05年から始まりました。それぞれの島で約20年間取り組みが続いてきました。

外来植物は、法面工事や植樹のほか、靴底や車のタイヤへの付着などさまざまな要因で島にやってきます。植物に罪はありませんが、北の島で何万年も命をつないできた在来植物のすみかを奪ったり雑種ができてしまうなどの悪影響は防がなくてはなりません。

近年は道路工事で法面を緑化する際、島外から持ち込んだ植物を使わないようにするなどの配慮がされるようになりました。また環境省の事業による除去のほか、観光客や地元有志によるボランティア作業も行われています。入り込んだものの除去、入り込まないようにする工夫。成果は簡単には現れませんが、根気強い取り組みは今後も続きます。

セイヨウタンポポ

寒さにも塩にも強いセイヨウタンポポは、5月から10月まで花を付けますが、レブンアツモリソウが開花する6月上旬が開花のピークです。浜に道路の縁にと島中に開花し、高山植物のエリアにも自然歩道沿いに侵入しているため、国立公園内を中心に除去が続けられています。現在礼文島で記録されている外来植物は約150種あります。

オオハンゴンソウ

右ページ中段の写真は2007年の利尻島の南浜湿原、黄色い群落はオオハンゴンソウです。埋蔵種子からも発芽し、地下茎でも繁殖して大群落を作ります。利尻島の湿原周辺にはかなり広がっていて、今までに100万本以上が除去されました。そのかいあって、現在南浜湿原ではこれほど大きな群落開花は見られませんが、根絶までにはまだまだ時間がかかります。

●コウリンタンポポ（紅輪蒲公英 キク科）ヨーロッパ原産 06.9.30 M

●オオアワダチソウ（大粟立草 キク科）北アメリカ原産　06.8.25 M

●オオハンゴンソウ（大反魂草 キク科）特定外来生物。北アメリカ原産　06.9.10 S

礼文林道の除去作業　16.8.4
写真提供／NPO法人 礼文島自然情報センター

●セイヨウタンポポ（西洋蒲公英 キク科）ヨーロッパ原産　14.6.10 M

セイヨウタンポポは外側の総苞片が反り返る

●エゾタンポポ（蝦夷蒲公英 キク科）在来種。総苞片が反り返らずピタリと花序に付いている　13.6.4 礼文・鉄府 S

総苞片がわずかに反るものもある。エゾタンポポとセイヨウタンポポの雑種の可能性がある

浜のセイヨウタンポポ　09.5.25 礼文・船泊 M

●シロツメクサ（白詰草 マメ科）ヨーロッパ原産　18.9.9 M

オオハンゴンソウが繁茂していたころの南浜湿原　07.8.17 S

利尻・南浜湿原で行われている春の駆除会。除去は花を付ける前が効果的　18.5.20

オオハンゴンソウの根。地下茎が残ると発芽するのでできるだけ掘り取る
写真提供／利尻島自然情報センター

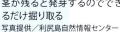
●ムラサキツメクサ（紫詰草 マメ科）別名アカツメクサ。ヨーロッパ原産。シロツメクサとともに寒さに強く、高山植物のエリアに侵入するため除去が行われている　18.9.28 M

森を歩く

Rishiri Rebun

●礼文岳登山コース

　礼文島の最高峰は標高490メートルの礼文岳。トドマツを中心にした針葉樹の森に始まり、ダケカンバが目を引く広葉樹の森、そして標高350メートルあたりでハイマツ帯に。わずか1時間半ほどの登りで高山帯の雰囲気を味わえます。

　この山の魅力は山頂からの眺望です。氷期に形成された「周氷河地形」と呼ばれるなだらかな丘の連なりが眼下に広がり、東の海には利尻島が浮かびます。

通称ニセ頂上から見た礼文岳山頂。ハイマツの道を少し下ってまた登る。15分ほどで山頂へ　05.9.24 S

礼文岳山頂から利尻島を望む。黄色はコガネギク　14.9.3 M

●利尻・ポン山姫沼コース

鴛泊ポン山頂上から礼文島を望む　17.5.22 S

★ツタウルシが多いのでかぶれに注意。できるだけ肌を露出しない服装を心がけましょう

Rebun

ゴゼンタチバナ
ムカゴトラノオ　　　　礼文岳
　　　　カラフトイチヤクソウ　h=490m

★頂上付近はハイマツやコケモモなど高山性の低木が広がるが、お花畑と呼べるような華やかな群落はない

ニセ頂上（通称）
h=410m

背の低いハイマツ林

五合目 h=220m
明るいダケカンバ林

エゾスズラン
ウメガサソウ
オオヤマサギソウ

★暗いトドマツの人工林林床にアリドオシラン

★ダケカンバとトドマツが多い針広混交林

内路川

起登臼発電所
道道40号　　　内路郵便局
　　　　　P B
　　　　　内路登山口
香深　　　　　　　　　　船泊
うにむき身体験センター　　内路漁港
（登山口から2km）

★トイレや水場はないので出発前に海側のトイレを利用する。バス停は「内路」。1日5本、バス停以外でも乗り降りできる自由乗降

礼文岳山頂
0.5km
15分

ニセ頂上

2km
45分

4.5km
120分

五合目

2km
60分

内路登山口

○エゾスズラン（蝦夷鈴蘭　ラン科）07.8.18 礼文・香深井 M

○アリドオシラン（蟻通蘭　ラン科）針葉樹林下に多く、二島のものは背丈1〜5cmと小さい　16.7.2 礼文岳 M

○ウメガサソウ（梅笠草　ツツジ科）16.7.24 礼文・香深井 M

○ムカゴトラノオ（珠芽虎尾　タデ科）花序の下部にムカゴを多数つける
10.7.24 礼文岳 S

ムカゴは花序上で発芽することもある

Rishiri

倒木を苗床に、一列に並んで育ったエゾマツの兄弟。こうした倒木更新がたくさん見られる　17.8.5 S

利尻山麓の原生林を歩くコース。北麓野営場から甘露泉をへて鴛泊ポン山に登ってから同じ道を下り、分岐を左に折れて姫沼へ向かう。利尻山の山ひだを横切って進むので、沢を渡るたびに登り下りがあります。針葉樹と広葉樹がほどよく混じり、優しく清涼感のある森です。

コマドリやコエゾゼミが鳴き、シータテハなど夏の蝶もたくさん飛んでいます。三つの高架橋から森を望める後半の自転車道も魅力的です。

○オオヤマサギソウ（大山鷺草　ラン科）11.8.25 礼文林道 M

上向きの花の形がクリオネの姿に似る

10月

　利尻山が雪の帽子をかぶるのは毎年9月の終わりか10月の初め。山頂付近が雲に覆われたままの日が続くと、山の上は雪なのだろうかと雲の下からのぞいてみたくなります。ようやく雲が取れて雪化粧の頂が顔を出すと、思わず「初冠雪」という古典的な言葉を使ってみたくなります。でも、稚内の気象台が確認して、正式に「初冠雪」と発表するまではただの初雪。数日で消えてしまうこともあります。

　そのころ裾野は秋真っ盛り、森は錦に色づき、礼文島の丘では草紅葉が秋の陽を透かしています。漁師たちは夏に収穫した昆布を切ったりそろえたりする仕事に追われています。

●レブンイワレンゲ（礼文岩蓮華 ベンケイソウ科）別名 コモチレンゲ。ランナー（走出枝）の先に幼苗を作って増える　08.9.26 礼文・鉄府 M

初雪をまとった利尻山頂を三眺山から望む。夕日を背にして立つと、霧に映った自分の影に彩光の輪ができるブロッケン現象に出遭った　10.9.24 S

Rishiri 利尻の森の針葉樹

標高が400メートルくらいまでの利尻山の裾野は、針葉樹と広葉樹が混じり合った針広混交林が広がります。森の主役は高木のトドマツとエゾマツ、それをナナカマドやダケカンバなどの広葉樹が彩ります。

オタトマリ沼や南浜湿原周辺にはアカエゾマツがたくさん生育しています。夏は緑一色に見える原生林も、秋にはその多様さを色に表します。

トドマツ（左）の樹皮は灰白色でなめらか。黒褐色のエゾマツ（右）の樹皮は鱗状に薄くはがれる

●トドマツ（椴松 マツ科）
枝は水平よりやや斜め上に伸びる
18.10.14 利尻・神磯 M

●エゾマツ（蝦夷松 マツ科）
枝はやや下向きに伸び、樹高は30mにもなる。利尻島に多く礼文島には少ない　18.10.5 利尻・北麓野営場 M

葉は先が二つに割れ、とがらない

球果は上向きに付き、9月ごろ実り、冬には樹上で砕けて種をまき散らす

葉は先端が鋭くとがり、触ると痛い

球果は枝から吊りさがる。トドマツと異なり、丸ごと地面に落ちる

色づく針広混交林　利尻・自転車道富士見大橋から 18.10.14 M

●アカエゾマツ（赤蝦夷松 マツ科）
樹形は細長い円錐形。礼文島には自生しないが植樹林がある。樹皮は黒赤褐色で鱗状にはがれる　18.10.14 利尻・南浜湿原 S

●ハイマツ（這松 マツ科）
上に伸びず這うように生育する。雌雄異株で長い葉は5本で束になる。花は6～7月、球果は翌年の9月ごろ熟す。高山帯の指標とされる植物だが、利尻山では標高400m以上で生育。礼文島では標高20mほどでも見られる
16.7.21 利尻山上部 S

葉は短く密につく。球果は吊りさがるように付き、球果ごと落下する

●甘露泉水

利尻の森歩きを手軽に楽しむには鴛泊北麓野営場から甘露泉水までのコース（P76）がおすすめ。森の湧き水をいただいて引き返す往復1km。原生林が美しく倒木更新も見られる

81

Rishiri 利尻の森の広葉樹

　利尻島の海岸に近いエリアはエゾイタヤが多い広葉樹林、その上部から標高 400 メートルくらいまでが針広混交林、それ以上にはダケカンバやミヤマハンノキなどの広葉樹林が発達しています。利尻島の原生林は礼文島より規模が大きく、さまざまな葉の形、色の広葉樹が楽しめます。

ヤマブドウ
（山葡萄 ブドウ科）

ホオノキ
（朴の木
モクレン科）

ハリギリ
（針桐 ウコギ科）
別名 センノキ

ミヤマハンノキ
（深山榛の木 カバノキ科）

ダケカンバ
（岳樺 カバノキ科）

エゾイタヤ

●エゾイタヤ
（蝦夷板屋 ムクロジ科）
18.10.14 利尻・神磯 M

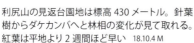

利尻山の見返台園地は標高 430 メートル。針葉樹からダケカンバへと林相の変化が見て取れる。紅葉は平地より 2 週間ほど早い　18.10.4 M

● ツタウルシ（蔦漆 ウルシ科）森の中でひときわ鮮やかに紅葉する。三出複葉のツル植物で、他の木に這い登る。ウルシかぶれに注意 18.10.4 利尻・沓形 M

キハダ

● キハダ（黄膚 ミカン科）18.9.18 利尻・北麓野営場 M

オヒョウ（ニレ科）

ヤマグワ（山桑 クワ科）

ナナカマド

● ナナカマド（七竈 バラ科）18.10.14 利尻・南浜湿原 S

ドロノキ（泥の木 ヤナギ科）

オノエヤナギ（尾上柳 ヤナギ科）

利尻・自転車道姫沼橋　標高80メートルから見下ろす広葉樹林の紅葉。エゾイタヤやダケカンバが色づく　18.10.14 M

Rebun 枯れ野を歩く

利尻山初冠雪のころ　08.9.29 礼文・桃岩コース M

　利尻山が雪の帽子をかぶるころ、礼文島の草原は枯れ野へと姿を変えていました。茶色一色に見えますが、春の花がぽつりぽつりと返り花を付けていたり、秋の花がわずかに名残を咲かせていたりします。草の葉も、植物ごとに微妙に異なる色に染まります。硬く小さい越冬芽を結び冬の準備を終えた植物もあります。丘の雪を待つ営みはどれも小さくて、枯れ野の葉陰にそっと隠れています。

レブンソウの名残花
花期の長いレブンソウは 6 月に盛りを迎えた後、8 月にも開花のピークがある。その後も数を減らしながら雪が降るまで花を付ける　17.10.24 礼文・桃岩コース M

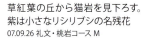
草紅葉の丘から猫岩を見下ろす。
紫は小さなリシリブシの名残花
07.09.26 礼文・桃岩コース M

84

レブンコザクラの越冬芽
浅い緑の芽の中にはもう蕾が用意されていて、春に雪が解けるとすぐにほころぶ 15.11.1 礼文・桃岩コース M

●イワヨモギ（岩蓬 キク科）
株立ちする半低木。根元の茎は木質化して硬い　17.10.29 礼文林道 M

6月の花、チシマフウロの返り花。葉も赤く紅葉する
16.10.15 礼文林道 M

これも6月の花、ミヤマキンポウゲの返り花
15.11.6 礼文・桃岩コース M

●ヒロハウラジロヨモギ
（広葉裏白蓬 キク科）
13.10.23 礼文・桃岩コース M

淡い色合いのアサギリソウの草紅葉
17.10.29 礼文林道 M

85

11〜3月

　吹雪の日が続く真冬の礼文島・地蔵岩は雪雲に閉ざされています。海岸のハマナスが、硬く閉じた冬芽を携え、北西の風に耐えています。人の気配を感じたのか、岩場からオオワシが1羽、オジロワシが2羽飛び立ち、偵察でもするように低く飛び、しばらく旋回するとまた岩壁に戻っていきました。

　島で越冬する海ワシはオオワシとオジロワシ。2019年2月17日の調査では、両種合わせて礼文島で35羽、利尻島は9羽が確認されました。毎年同時期に行われるこの調査では、例年礼文島が約30羽、利尻島が10羽前後で、礼文島の方が多めです。

オオワシ　羽を広げると220〜245センチ。嘴はオレンジで肩と尾が白い　13.3.5 S

オジロワシ　羽を広げると200〜230センチ。嘴は黄色で尾が白い　12.2.27 S

礼文島の地蔵岩とハマナス　16.1.10 M

真冬の造形を楽しむ

　2019年2月8日、礼文島香深で最低気温が氷点下17.1度となり、観測記録を更新しました。二島の例年の最低気温は氷点下10〜14度ほど。北海道の内陸よりは高めですが、海風にさらされる分、寒さが厳しく感じられます。

　厳冬期の12月と1月の日照時間は月に30〜40時間で夏の3分の1以下。雪雲に閉ざされ、吹雪が来ては収まる日々を繰り返します。人の暮らすエリアの積雪は約1メートル。時化やすく、フェリーの欠航も月に数日はあり、島人は天気予報をにらみながら旅や出張の計画を立てています。

　長く暗い冬のトンネルも2月になると終わりが近づき、雪雲に隠れていた利尻山の頂が数日に一度、真っ白い姿を見せるようになります。そんな時、陽光は思いのほか力強くて、春が近いことを教えてくれます。

利尻島南浜から利尻山頂を望む　08.2.29 M

礼文・富士見ヶ丘スキー場から望む利尻島。島の子どもたちは元気にスキーやソリ遊びを楽しむ　19.1.19 S

岩から浸み出す水が凍った滝のようになる　19.1.1 礼文・元地 M

雪を顔いっぱいに付けたゴマフアザラシ
13.2.13 礼文・トド島 S

波消しブロックや灯台が氷の造形に。左端には
オジロワシがとまっている　14.1.13 礼文・元地 S

人の歴史

両島における人の最初の痕跡は旧石器時代にさかのぼります。おそらく北海道本島と同じように、「マンモスハンター」と呼ばれる人々が、低海面期に陸橋を渡って大陸やサハリンとの間を行き来していたと考えられています。やがて暖かくなり海水面が高くなって、両島は徐々に島になりました。

大陸との交流は、さらに縄文文化、続縄文文化、擦文文化を発展させました。利尻島では縄文時代早期の約4500年前、礼文島では中期の約3800年前からの遺跡が見つかっています。また、続縄文時代には北方からオホーツク文化の担い手たちが渡ってきて、両島や北海道沿岸に多数の遺跡を残しています。

●礼文島船泊遺跡

礼文島の船泊遺跡は両島を代表する縄文時代（約3800〜3500年前）の遺跡で、船泊湾と久種湖の間の標高10メートルほどの砂丘にあり、出土品は国の重要文化財に指定されています。この地域の気候は冷涼で、砂丘は貝殻を多く含んだアルカリ性地質のため遺物の保存状態がとても良く、縄文時代の暮らしを解明する重要な遺跡です。墓抗や住居跡、作業場跡も確認され、人骨や装飾品、土器や狩りの道具などが多数出土しています。

海岸から200メートルほど内陸にある船泊遺跡は、周りに海、湖、山がそろっています。湖では生活のための真水、屋根に使うヨシやススキなども手に入れることができたでしょう。遺跡からはアザラシやトド、アホウドリやカモメ、サケやマグロの骨、ホタテやアワビの殻、オニグルミの殻などが見つかっています。狩猟をして生活するだけでなく、土器を使って季節の料理を作り、貝製平玉を製作して海外と交易するなど、北の島の縄文人の豊かな生活が想像されます。

●オホーツク文化

利尻島、礼文島、サハリン、北海道オホーツク海沿岸一帯、千島列島には、5世紀から12世紀にかけて海獣狩猟を行っていた海洋

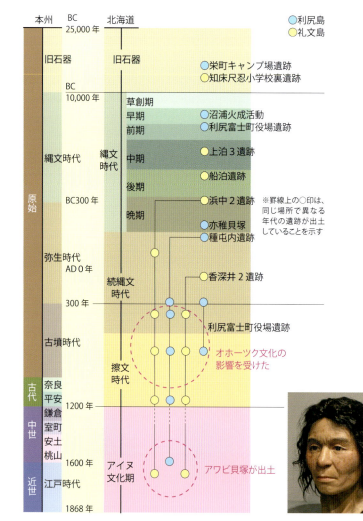

船泊縄文人 No.23 さん
船泊遺跡から出土した特に保存状態の良い骨からDNAを解析。「女性／血液型はA型／40代／髪は巻き毛（ちぢれ毛）／目の色は茶色」などの情報を得て復元した
提供／礼文町教育委員会

取材協力・資料写真提供／礼文町教育委員会
参考文献／「北の島の縄文人」国立民族博物館、「礼文町船泊遺跡発掘調査報告書」礼文町教育委員会

船泊遺跡の出土品からわかる縄文時代の交流

海獣骨製銛先
銛先の黒曜石は道内産、接着剤にサハリン産のアスファルトが使われている

A. サハリン産「アスファルト」（本州産のものもある）
B. 北海道本島産「黒曜石」「シカの角」「蛇紋岩」「土器の模様」など
C. 本州産「イノシシの牙」「タカラガイ」など
D. 新潟産「ヒスイの大珠」
E. 房総半島以南産「イモガイの加工品」など

タカラガイ

イモガイ　ヒスイの大珠ペンダント

ビノスガイで作った貝製平玉のアクセサリー（礼文島産）

船泊遺跡の作業場跡からは、石錐、砥石、ビノスガイの破片などが大量に出土している。貝玉に穴を開けるドリルや、穴を開ける製作途中の貝殻のかけらも見つかっており、「貝製平玉」製作の中心的な場所であったことや、それらが物々交換のため他の地域に運ばれていたことなどがうかがえる

民族による独自の文化圏が形成されていました。礼文島で出土したマッコウクジラの歯から作られた女性像（女神像）は道内の他のオホーツク文化遺跡からも見つかっています。

●浜中2遺跡

「浜中2遺跡」は船泊沿岸遺跡群の一つで、現在も調査が進められています。特徴は縄文文化後期／続縄文文化／オホーツク文化／アイヌ文化と、遺跡が同じ場所に層になって見つかっていること。オホーツク文化の層ではクジラ類の送り場遺構も見つかり、動物儀礼の習慣がその時代にもあったことをうかがわせます。人骨をはじめ多数のイヌやブタの骨も出土しており、当時の人体の様子や食生活なども解明されていくでしょう。

5〜12世紀の礼文島利尻島をめぐる文化圏

歯牙製女性像と動物像（クマ）
（礼文島長昌寺蔵。写真は礼文町郷土資料館所蔵のレプリカ）

発掘中の浜中2遺跡　18.8.18 S

二島の名前が日本の歴史に登場してくるのは1644年（寛永21年／正保元年）発行の「正保御國絵図」あたりからです。「津軽一統志」（1670年・寛文10年）によれば、そのころ利尻島には300人ほどのアイヌ民族が居住していました。松前藩の商船が来島し、アイヌと交易する「商場」が両島にあったようです。1672年に北前船の西回り航路が開かれると交易が盛んになり、利尻島には「リイシリ場所」の運上屋が開設されました。幕府も蝦夷地進出に力を入れて調査団を派遣、1785年（天明5年）に「蝦夷國全図」を作成しました。

　1803年（享和3年）～05年（文化2年）には天然痘やはしかが流行し、220人ほどのアイヌが死亡したという記録があります。和人の二島へのかかわりが増える一方、アイヌ人口は減少し、アイヌ社会は崩壊していきました。

　鎖国政策を続ける幕府は、開国を求めるロシアの要求を拒否していました。そんな中、1807年にはロシア艦船が両島の沖で和人の商船や漁船を襲撃、利尻島に上陸して運上屋やアイヌの家屋を焼き払う事件が起きました。これを受け二島は江戸幕府領地となり、翌年には会津藩士による北方警護が行われました。1848年（弘化5年／嘉永元年）、アメリカ人青年ラナルド・マクドナルドが利尻島に上陸、開国へと進む激動の時代の波は北の島にも及びます。

　1869年（明治2年）、明治政府が「蝦夷」を「北海道」と改称。本州からの入植が始まり、島はニシンの大漁でにぎわいますが、1953年（昭和28年）を境にニシン漁は衰退。その後もウニ、コンブなど豊富な海産物資源に恵まれた二島は漁業の島として歴史を重ねていきます。また1974年には利尻礼文サロベツ国立公園に指定され、観光が島の大切な産業となっています。

●両島　●利尻島　●礼文島　の出来事

時代区分		年代	出来事
近世	江戸時代 アイヌ文化期		1603年 徳川家康 幕府を開く
		●	1644年「正保御國絵図」に「リイシリ」「レブンシリ」両島の名前記載
		●	1670年「津軽一統志」に両島での松前藩とアイヌとの交易記載
		●	1672年 北前船西廻り航路開かれる
		●	1765年 利尻島本泊に運上屋（開設時期不明）、番屋は両島で5カ所／近江商人・岡田弥三右衛門が利尻場所を請負う
		●	1785年「蝦夷國全図」を幕府が制作
		●	1803～05年 両島で天然痘やはしかが流行 アイヌ多数死亡
		●	1807年 ロシア船が両島で運上屋や番屋、船を焼き払う
		●	1808年 会津藩の北方警護／間宮林蔵樺太探検
		●	1821年 松前藩領となる／アイヌ人口28戸116人
		●	1846年 松浦武四郎が両島を踏査（再航蝦夷日誌）
		●	1848年 ラナルド・マクドナルド利尻島へ上陸
近代・現代	明治		1868年 明治維新
		2年	1869年 明治政府が蝦夷地を「北海道」に改称
		●	開拓使は場所請負制を廃止、漁場を出稼ぎ者や移住者に解放
		18年 ●	1885年 小樽から利尻・礼文航路運航
		19年 ●	1886年 利尻島鬼脇に小学校開校
		22年 ●	1889年 礼文島香深に小学校開校
		29年 ●	1896年 8月1日利尻山頂で気象観測（北海道庁）8月9日皆既日食観測
		31年 ●	1898年 5月 礼文島赤岩の山林火災
		35年 ●	1902年 利尻郡4村、礼文郡2村に編設
		44年 ●	1911年 5月 礼文島船泊の山林火災、内路の山林火災
		45年 ●	1912年 5月24日利尻島でヒグマ捕獲
	大正	4年 ●	1915年 利尻郡のこの年のニシン漁獲高10万トン超える
		11年	1922年 稚内まで鉄道が開通
	昭和	12年 ●	1937年 エキノコックス症の発見（1948年から礼文島で20年間調査）
		15年 ●	1940年 8月2日積丹半島沖地震により仙法志に3mの津波
		20年	1945年 太平洋戦争終戦
		23年 ●	1948年 礼文島で金環日食観測成功
		28年 ●	1953年 最後のニシン群来。以後ニシン漁衰退
		49年 ●	1974年 利尻礼文サロベツ国立公園指定
	平成	30年 ●	2018年 利尻島にヒグマ上陸（106年ぶり）
		31年 ●	2019年 4月28日礼文島船泊湾で66年ぶりニシン群来
	令和		

● 利尻島の史跡をめぐる

会津藩士の墓（利尻町沓形種富町）

1807年のロシア艦船による襲撃後、利尻島では250人ほどの会津藩士が警護にあたり、約3カ月で任務を終え会津に帰還した。幸いにも島でのロシアとの交戦はなかったが、事故や病気で亡くなった8人の藩士の墓碑が島内3カ所に建てられている

慈教寺（利尻富士町本泊）

境内に会津藩士の墓、道路向かいの海側には「運上屋跡の碑」がある

ラナルド・マクドナルド上陸記念碑（利尻富士町野塚）

1848年7月2日、マクドナルドが利尻島に上陸。鎖国中の日本に入り日本語を覚え、通訳になることが目的だった。利尻島から長崎に送られ半年間監禁され、その間に14人の日本人に英語を教えた。翌年、引き取りに来たアメリカ船で出国。彼が教えた日本人の中に、ペリーが浦賀にやって来た際に通訳を担当した森山栄之助がいた

● ニシン漁

明治に入ると、豊かな漁業資源を求めて東北や北陸から多くの出稼ぎ漁師が北上してきます。生産活動が活発化するにつれて移住者となり、各地に漁村を形成していきました。大正年代のピーク時には、二島のニシンの漁獲高は20万トン以上を記録。人口も急増し、1902年（明治35年）に2万人、1955年（昭和30年）には3万人を超えました。

漁獲量は年によって増減はありましたが、1953年（昭和28年）を最後に二島では群来（くき）（産卵のため沿岸に押し寄せるニシンの大群）を見なくなり、人口も減少に転じます。現在、春ニシンの漁獲量はほぼなくなりました。

網に入れて港に運ばれたニシン（昭和20年ごろ）
写真提供／礼文町教育委員会

● ヒグマ、106年ぶりに利尻島上陸

2018年5月30日、利尻島南部の鬼脇地区沼浦の海岸でヒグマ（雄の成獣）の足跡が見つかりました。北海道本島の夕来付近から渡ってきたとみられます。利尻島まで直線距離で約20キロ、伴侶を求めて来島したのではと推定されます。6月、ヒグマの痕跡は島内一円で見つかり、15日には初めて固定カメラが姿を捉えました。ただ人間との接触はなく、7月12日を最後にヒグマの痕跡は途絶えたため、10月には島外に出たものと専門家が判断しました。利尻島と本島との間が近いことから、昔から、ヒグマ以外にも生物の交流があったと思われます。礼文島にはヒグマが渡った記録はありません。

1912年5月24日、島民により仕留められたヒグマ　写真提供／利尻富士町教育委員会、撮影／寺島豊次郎

2018年6月22日夜、固定カメラに写ったヒグマ
写真提供／宗谷森林管理署

参考文献／「離島社会の歴史と文化」北海道開拓記念館、「利尻町史 通史編」、「利尻百年物語」利尻町
※二島の人の歴史については礼文町郷土資料館、利尻町立博物館、利尻島郷土資料館（利尻富士町）に詳しい展示がある

索引

ア
アイヌタチツボスミレ・・・・・・・・・21
アカエゾマツ・・・・・・・・・81
アカツメクサ（帰化）・・・・・・・・・75
アキカラマツ・・・・・・・・・65
アサギリソウ・・・・・・・・・63、85
アナマスミレ・・・・・・・・・21
アリドオシラン・・・・・・・・・77
イソツツジ・・・・・・・・・35
イブキジャコウソウ・・・・・・・・・62
イワウメ・・・・・・・・・47
イワギキョウ・・・・・・・・・45
イワツツジ・・・・・・・・・32
イワヒゲ・・・・・・・・・45
イワベンケイ・・・・・・・・・32
イワヨモギ・・・・・・・・・85
ウミミドリ・・・・・・・・・28
ウメガサソウ・・・・・・・・・77
ウメバチソウ・・・・・・・・・64
ウルップソウ・・・・・・・・・49
エゾイソツツジ・・・・・・・・・35
エゾイタヤ・・・・・・・・・82
エゾイチゲ・・・・・・・・・20
エゾイヌナズナ・・・・・・・・・20
エゾイブキトラノオ・・・45、52、60
エゾウスユキソウ・・・・・・・・・50
エゾエンゴサク・・・・・・・・・20
エゾオグルマ・・・・・・・・・68
エゾオトギリ・・・・・・・・・60
エゾオヤマリンドウ・・・・・・・・・64
エゾカワラナデシコ・・・・・・・・・60
エゾカンゾウ・・・・・・・・・43
エゾコザクラ・・・・・・・・・45
エゾスカシユリ・・・・・・・・・35
エゾスズラン・・・・・・・・・77
エゾタイセイ・・・・・・・・・28
エゾタカネツメクサ・・・・・・・・・49
エゾタカラコウ・・・・・・・・・61
エゾタンポポ・・・・・・・・・75
エゾチドリ・・・・・・・・・28
エゾツツジ・・・・・・・・・45
エゾナツボウズ・・・・・・・・・20
エゾナミキ・・・・・・・・・65
エゾニュウ・・・・・・・・・37
エゾノコギリソウ・・・・・・・・・58
エゾノシシウド・・・・・・・・・36
エゾノツガザクラ・・・・・・・・・45
エゾノハクサンイチゲ・・・・・26、54
エゾノヨモギギク・・・・・・・・・48
エゾノヨロイグサ・・・・・・・・・37
エゾノリュウキンカ・・・・・・・・・14
エゾノレンリソウ・・・・・・・・・52
エゾヒメアマナ・・・・・・・・・20
エゾフウロ・・・・・・・・・58
エゾボウフウ・・・・・・・・・36
エゾマツ・・・・・・・・・80
エゾムカシヨモギ・・・・・・・・・53
エゾヨツバシオガマ・・・・・・・・・31
エゾルリムラサキ・・・・・・・・・49
エンレイソウ・・・・・・・・・20
オオアマドコロ・・・・・・・・・38
オオアワダチソウ（帰化）・・・・74
オオウサギギク・・・・・・・・・48

カ
オオウバユリ・・・・・・・・・63
オオカサモチ・・・・・・・・・36
オオダイコンソウ・・・・・・・・・35
オオタチツボスミレ・・・・・・・・・21
オオバタチツボスミレ・・・・・・・・・21
オオハナウド・・・・・・・・・36
オオバナノエンレイソウ・・・・・・・・・20
オオバナノミミナグサ・・・・・・・・・32
オオハンゴンソウ（帰化）・・・・74
オオヤマサギソウ・・・・・・・・・77
オククルマムグラ・・・・・・・・・39
オトギリソウ・・・・・・・・・60
オニカサモチ・・・・・・・・・36
オニシモツケ・・・・・・・・・53
オノエヤナギ・・・・・・・・・83
オヒョウ・・・・・・・・・83

カ
カキツバタ・・・・・・・・・35
カセンソウ・・・・・・・・・66
カラフトイソツツジ・・・・・・・・・35
カラフトイチヤクソウ・・・・・・・・・53
カラフトキングルマ・・・・・・・・・48
カラフトニンジン・・・・・・・・・37
カラフトマンテマ・・・・・・・・・53
ガンコウラン・・・・・・・・・62
キジムシロ・・・・・・・・・22
キタノコギリソウ・・・・・・・・・59
キハダ・・・・・・・・・83
キバナノアマナ・・・・・・・・・14
キバナノコマノツメ・・・・・・・・・21
ギョウジャニンニク・・・・・・・・・53
キンミズヒキ・・・・・・・・・66
クゲヌマラン・・・・・・・・・22
クサフジ・・・・・・・・・52
クサレダマ・・・・・・・・・60
クモキリソウ・・・・・・・・・55
クルマバソウ・・・・・・・・・39
クルマバツクバネソウ・・・・・・・・・39
クルマバナ・・・・・・・・・60
クルマユリ・・・・・・・・・62
クロユリ・・・・・・・・・30
コウライテンナンショウ・・・・・・・・・39
コウリンタンポポ（帰化）・・・・74
コガネギク・・・・・・・・・65
コキンバイ・・・・・・・・・20
ゴゼンタチバナ・・・・・・・・・39
コバギボウシ・・・・・・・・・58
コフタバラン・・・・・・・・・39
ゴマナ・・・・・・・・・65
コミヤマカタバミ・・・・・・・・・38
コモチレンゲ・・・・・・・・・78

サ
サイハイラン・・・・・・・・・38
サクラソウモドキ・・・・・・・・・17、22
ザゼンソウ・・・・・・・・・14
サラシナショウマ・・・・・・・・・65
サワギキョウ・・・・・・・・・58
シオガマギク・・・・・・・・・66
シコタンヨモギ・・・・・・・・・65
シャク・・・・・・・・・36
シュムシュノコギリソウ・・・・・・・・・58

シラゲキクバクワガタ・・・・・31、35
シラネニンジン・・・・・・・・・37
シロスミレ・・・・・・・・・21
シロツメクサ（帰化）・・・・・・・・・75
シロヨモギ・・・・・・・・・53
スズラン・・・・・・・・・31
セイヨウタンポポ（帰化）・・・・・75
センダイハギ・・・・・・・・・33
ゼンテイカ・・・・・・・・・43
センノキ・・・・・・・・・82

タ
ダイモンジソウ・・・・・・・・・64
タカネオミナエシ・・・・・・・・・31
タカネグンバイ・・・・・・・・・20
ダケカンバ・・・・・・・・・82
タチギボウシ・・・・・・・・・58
チシマアザミ・・・・・・・・・53
チシマイワブキ・・・・・・・・・45
チシマギキョウ・・・・・・・・・49
チシマキンレイカ・・・・・・・・・31
チシマニンジン・・・・・・・・・37
チシマフウロ・・・・・・・・・30、85
チシマリンドウ・・・・・・・・・66
チシマワレモコウ・・・・・・・・・66
ツタウルシ・・・・・・・・・83
ツバメオモト・・・・・・・・・38
ツボスミレ・・・・・・・・・21
ツマトリソウ・・・・・・・・・35
ツリガネニンジン・・・・・・・・・67
ツルコケモモ・・・・・・・・・35
ツルシキミ・・・・・・・・・39
トウゲブキ・・・・・・・・・61
トドマツ・・・・・・・・・80
ドロノキ・・・・・・・・・83

ナ
ナガバキタアザミ・・・・・・・・・66
ナガボノシロワレモコウ・・・・・・・66
ナナカマド・・・・・・・・・83
ナニワズ・・・・・・・・・20
ナミキソウ・・・・・・・・・65
ニッコウキスゲ・・・・・・・・・43
ニョイスミレ・・・・・・・・・21
ネムロシオガマ・・・・・・・・・18
ノコギリソウ・・・・・・・・・58
ノビネチドリ・・・・・・・・・31

ハ
ハイオトギリ・・・・・・・・・55
バイケイソウ・・・・・・・・・32
ハイマツ・・・・・・・・・81
ハクサンチドリ・・・・・・・・・31
ハチジョウナ・・・・・・・・・64
ハナイカリ・・・・・・・・・66
ハマタイセイ・・・・・・・・・28
ハマナス・・・・・・・・・87
ハマハタザオ・・・・・・・・・35
ハマベンケイソウ・・・・・・・・・53
ハマボウフウ・・・・・・・・・37
ハマレンゲ・・・・・・・・・49
ハリギリ・・・・・・・・・82
ハンゴンソウ・・・・・・・・・65

ヒオウギアヤメ……………35	ヤ	ウソ………41
ヒトツバハンゴンソウ………65	ヤナギタンポポ………65	ウトウ………70
ヒトリシズカ…………22	ヤナギトラノオ………35	ウミウ………71
ヒメイズイ………31	ヤマガラシ………47	ウミガラス………70
ヒメイチゲ………22	ヤマグワ………83	ウミネコ………29、69
ヒロハウラジロヨモギ………85	ヤマドリゼンマイ………35	エゾシマリス………66
ヒロハクサフジ………52	ヤマハギ………60	エゾバフンウニ………24
ヒロバヒメイチゲ………20	ヤマハナソウ………32	オオセグロカモメ………69
フタナミソウ………49	ヤマハハコ………66	オオバン………23
フタナミタンポポ………49	ヤマブキショウマ………55	オオワシ………86
フタバツレサギ………28	ヤマブドウ………82	オシドリ………23
ホウチャクソウ………38	ヨツバヒヨドリ………63	オジロワシ………86、89
ホオノキ………82		オナガガモ………23
ホザキナナカマド………58	ラ	オロロン鳥………70
ホソバコンロンソウ………49	リシリアザミ………58	カイツブリ………23
ホソバタネツケバナ………49	リシリゲンゲ………48	カモメ………69
ホソバノアマナ………31	リシリソウ………48	キタムラサキウニ………24
ボタンキンバイソウ………9	リシリトウウチソウ………47	キンクロハジロ………23
ホテイアツモリソウ………18	リシリヒナタザオ………48	クマゲラ………40
ホロマンノコギリソウ………59	リシリヒナゲシ………46	クモマベニヒカゲ………59
	リシリブシ………56、84	ケイマフリ………70
マ	リシリリンドウ………48	コマドリ………41
マイヅルソウ………39	レブンアツモリソウ………17	ゴマフアザラシ………70、89
マルバトウキ………36	レブンイワレンゲ………78	シロカモメ………69
ミズバショウ………13、15	レブンウスユキソウ………50、55	セグロカモメ………69
ミソガワソウ………60	レブンキンバイソウ………9	ダイサギ………23
ミツガシワ………14	レブンコザクラ………11、85	ダイセツタカネフキバッタ……59
ミツバオウレン………15	レブンサイコ………48	ツツドリ………41
ミヤウチソウ………49	レブンシオガマ………31	トド………71
ミヤケラン………62	レブンソウ………48、84	トラマルハナバチ………56
ミヤマアキノキリンソウ………65	レブントウヒレン………66	ニセハイイロマルハナバチ……18
ミヤマアズマギク………45	レブンハナシノブ………32	ノゴマ………41
ミヤマオグルマ………45		ノビタキ………41
ミヤマオダマキ………30	ワ	ハクセキレイ………41
ミヤマキンポウゲ………33、85	ワタスゲ………35	ハシボソミズナギドリ………71
ミヤマスミレ………21		ヒドリガモ………23
ミヤマハタザオ………35	鳥・動物	ベニヒカゲ………59
ミヤマハンノキ………31、82	アオサギ………71	ベニマシコ………41
ミヤマラッキョウ………53	アオジ………41	マガモ………23
ムカゴトラノオ………77	アカゲラ………41	ミンククジラ………71
ムラサキツメクサ(帰化)………75	アマサギ………23	ヤツガシラ………12
モウセンゴケ………58	イシイルカ………71	ワシカモメ………69

二島旅情報

利尻島・礼文島へのアクセス：

本州→(空路)→新千歳空港→(空路)→利尻空港

本州→(空路)→稚内空港→(バスで30分)
→稚内港(フェリーターミナル＝FT)

JR札幌駅→(特急で約5時間30分／1日3本運行)
→JR稚内駅→(徒歩15分)→稚内港

札幌・大通バスセンター→(都市間バスで約6時間
／1日5便運行)→稚内港

稚内港→礼文島(香深港／フェリーで2時間)

稚内港→利尻島(鴛泊港／1時間40分)

香深港⇆鴛泊港(40分)

●問い合わせ・Web：
稚内空港●TEL.0162-27-2121
ハートランドフェリー……………
　●TEL.0162-23-3780
札幌・大通バスセンター
　●TEL.011-241-0241 (北都交通)
礼文島観光案内所(香深FT内)
　●TEL.0163-86-2655
礼文島トレイル
　オフィシャルウェブ……………
利尻富士町観光案内所(鴛泊FT内)
　●TEL.0163-82-2201
利尻山登山情報
　●利尻富士町ホームページ内